25 ELEGANTE WOHNHÄUSER

Holger Reiners

25 ELEGANTE WOHNHÄUSER

Ausgewählt von der Reiners Architektur-Stiftung

Deutsche Verlags-Anstalt

INHALT

EINFÜHRUNG

„Der Niedergang der Eleganz" – so sollte das Vorwort zu einem Buch mit dem Titel „25 elegante Wohnhäuser" letztlich nicht beginnen: Aber vor dem Eigentlichen des Themas – der Eleganz – gebietet es der Respekt gegenüber diesem kulturgeschichtlichen Phänomen, einmal zu fragen, ob uns Eleganz heute überhaupt noch irgendetwas bedeutet? Dass die Wertschätzung gegenüber der Eleganz nachgelassen hat, teilt sie mit allen gesellschaftlichen Normen und Regeln, von denen manche noch das Leben unserer direkten Vorfahren prägten: Etikette, Dresscode, Höflichkeitsformen und die ganze Fülle der Rituale, deren Befolgung zumindest für einen Teil der Bevölkerung den Alltag strukturierte und bestimmte – und das nicht nur zum Nachteil. Ein wesentlicher Aspekt dieses damals oft detailreich strukturierten Lebens und Arbeitens der gebildeten und ambitionierten Gesellschaft war – auch – der Wunsch nach Eleganz. Man hielt sie für erstrebenswert, weil mit Eleganz immer auch die Formvollendung des eigenen Lebens gemeint war – auch wenn das nicht immer und jedem gelang. Die Eleganz war stets auch ein Begleiter der Moden, nicht nur in der Kleidung, sondern auch in der Rhetorik, beim häuslichen Ambiente und ganz allgemein: in der bewusst inszenierten Haltung dem Leben und der Gesellschaft gegenüber. Eleganz ist im vordergründigen Verständnis zuerst einmal schillernd, was sich exemplarisch in den Adjektiven zeigt, die man dem Begriff der Eleganz gern hinzugesellt: zeitlose, perfekte, gefährliche, frivole, erotische, formale, sprachliche Eleganz, oder die Eleganz im Denken und Handeln überhaupt, also in der Lebensführung – und im Besonderen als Habitus bei Unternehmern, Naturwissenschaftlern, Mathematikern, Philosophen, Künstlern oder Schriftstellern. Mit der Eleganz assoziieren wir eine Bipolarität von Bewunderung und Neid.

Mit der Eleganz verhält es sich wie mit der Schönheit – auch die Schönheit ist ein Begriff, der kaum fassbar ist, Geschmacksströmungen unterliegt, aber eben über das Phänomen der Überlegenheit verfügt. Heute darf in den Architekturdiskussionen wieder über Schönheit gesprochen werden, Schönheit darf wieder zu einem der vielen möglichen Entwurfsparameter gerechnet werden. Für mich ist Schönheit das wichtigste Kriterium in der Architektur überhaupt – unabhängig von der Bauaufgabe, seiner Größe und des Budgets. Mit dem Anspruch an die Eleganz eines Bauwerks verhält es sich dagegen anders. Architektonische Eleganz ist das verschwenderisch angewandte Mehr über die Schönheit hinaus. Wenn Schönheit anspruchsvoller Maßstab ist, dann fällt die Eleganz unter die Rubrik Luxus. Aber trotz der heute allgegenwärtigen Präsenz von Glamour in den Medien, ist die Forderung nach Eleganz in der Architektur noch immer eine kaum vernehmbare Stimme.

Wenn Edvard Munch den Grafen Harry Kessler im Ganzporträt malt, dann ist dies ein Beispiel in der Kunst am Rande von Eleganz und Dandytum. Das gilt auch für die Porträts, die der amerikanische Maler John Singer Sargent unter dem Ausdruckswillen elitärer Eleganz für sein wohlhabendes Klientel fertigte. Gelebte Eleganz war selbst gesetzter biografischer Auftrag in der westlichen Welt bis zum Ersten Weltkrieg – und jedes Land hatte seine eigenen raffinierten Ausdrucksformen in der Kunst, in den Moden und natürlich ebenfalls in der Architektur.

Im Amerika nach dem Bürgerkrieg galt die Formel: Geld gebiert Eleganz, und wir Amerikaner zeigen der Welt, wie wir Eleganz verstehen – unter anderem in der Architektur der Hochhäuser, die stolz die Namen ihrer eleganten Auftraggeber führten. Neben vielen anderen Gebäuden in New York verdient für mich das Chrysler Building das selbstverständliche Kompliment architektonischer Eleganz. Und natürlich haben alle Epochen zuvor auch jeweils elegante Architektur hervorgebracht – in ganz Europa. Und immer haftet dieser Eleganz eine gewisse Provokation an: Seht her, mein architektonisches Werk beansprucht mehr an Beachtung, als nur schön und funktional perfekt zu sein, es beabsichtigt die Attitüde der zeitlosen Eleganz. Das gilt besonders für das 19. Jahrhundert. Wenn wir bis zur Renaissance zurückschauen, dann ist die Anzahl eleganter Architekturen bis zum Art déco kaum überschaubar – zu viele herausragende Bauten lassen sich unter diesem Label zitieren. Mit der Dominanz des International Style, also der Moderne, wird dann die Anzahl wirklich herausragend eleganter Bauten immer geringer.

Die Frage nach der Notwendigkeit von Eleganz in der Architektur kann man stellen, und sie architektonisch – also gebaut – zu beantworten, halte ich für wichtig. Eleganz ist eine zwar kleine, aber doch notwendig-interessante Fassette in der Architektur, und wir sollten sie in der Fachdiskussion ebenso wie in der Öffentlichkeit wieder zulassen und sie nicht länger als dekadentes Experimentieren abtun.

Zu Beginn meines Architekturstudiums bekam ich von einem Freund eine Publikation geschenkt – und für mich war es mehr als nur ein Buch: der großformatige, prachtvolle Band, der 1974, zehn Jahre nach Gründung der Fondation Maeght in St. Paul de Vence dem Architekten José Luis Sert gewidmet war. Das war nicht nur eine äußerst gekonnte Museumsarchitektur, es war gebaute Eleganz in Vollendung, die mein Verständnis von Architektur nachhaltig bestimmt hat im Sinne von: Es gibt mehr als „Form follows function".

Eleganz drückt ein artifizielles Bewusstsein für die Welt des Schönen aus, des Schmückenden und ist damit in den unterschiedlichsten Ausprägungen stets eine ikonografische Form mit dem Anspruch der Exzellenz. Eleganz kann dominant sein, wenn sie auf das Gewöhnliche trifft, aber Eleganz hat nie den Anspruch vordergründig plakativer Wirkung, ja, wirkliche Eleganz entlarvt sich nicht – nicht im Moment und nicht in der Rückschau. Wird Eleganz in der Architektur so verstanden, dann kann sie bei jeder Bauaufgabe – und sei sie noch so klein – Gradmesser der Bewertung sein. Man muss es nur wollen – auch als Gesellschaft. Nicht umsonst unterscheiden wir zwischen der angeborenen, der schlichten, natürlichen und im Gegensatz dazu der teuren und opulenten Eleganz – die als Kreation noch einmal besonders scharfen Kriterien unterliegt: denen der unbedingten Könnerschaft.

Eleganz in der Architektur meint kein hitziges Feuerwerk an Kreativität, keine Gespreiztheit um des Effekts willen, sondern den Gipfelpunkt einer intellektuellen Verschwendung. Nicht im negativen Sinne von unbotmäßigem Überfluss, sondern im Gegenteil von einem genialischen Ausdruckswillen, also einer geradezu manieristischen Haltung, die die Grenzen von Konventionen, ja, auch von Schönheit noch einmal übertreffen will. Und wenn wir heute wieder von Baukunst als architektonisches Programm und Ziel sprechen, dann darf das Phänomen Eleganz dabei nicht fehlen.

Dieses Buch will zeigen, wie es heute um die Eleganz in der Wohnhausarchitektur steht, und es hat damit für mich eine wichtige Botschaft: Eleganz in der Architektur soll unsere Wahrnehmung bereichern, sie soll Freude machen, soll Abbild raffinierter Könnerschaft in Entwurf und Ausführung bieten und uns als Nur-Betrachter in all ihrer Meisterschaft erfreuen.

Genialen Modeschöpfern ist es gegeben, aus einem Stück Stoff und ein paar Sicherheitsnadeln ein elegantes Kleid für den Moment zu kreieren, im Design werden die handwerklichen Ansprüche an die Könnerschaft schon größer und sie kulminieren in der Eleganz eines Bauwerks, das sich im Anspruch der Dauerhaftigkeit in Form und Material verschrieben hat. Die 25 hier vorgestellten Bauten zeigen, dass die architektonische Eleganz eine Renaissance erlebt. Es geht nicht darum, wie große Architekten mit einem entsprechend umfangreichen Budget umzugehen verstehen, sondern es soll darum gehen, jeden entwurflichen Schritt daraufhin zu untersuchen, ob es nicht doch noch ein wenig besser ginge, schöner, komplexer – also eleganter. Ich danke den Architekten, die ihre Projekte zu diesem Buch eingereicht haben ebenso wie der Deutschen Verlags-Anstalt für die qualitätsvolle Herausgabe des Buchs. Ich wünsche uns allen, dass wir der gekonnten Eleganz, sowohl in der baulichen Realisierung als auch in der Ausbildung der jungen Architekten in Zukunft wieder mehr Aufmerksamkeit schenken. In diesem Sinne sind die 25 gezeigten Projekte gleichsam Botschafter einer wieder zu entdeckenden gesellschaftlichen Verpflichtung zur Eleganz und das überall dort, wo sie einen kulturellen Beitrag leisten kann: Eleganz nicht als Selbstzweck, sondern als Ausdruck architektonischer Verantwortung und Abbild von geteilter Lebensfreude.

Holger Reiners

ARCHITEKTONISCHE ELEGANZ UND KONSTRUKTIVE RAFFINESSE

BEARTH & DEPLAZES ARCHITEKTEN
CHUR/ZÜRICH
VALENTIN BEARTH – ANDREA DEPLAZES – DANIEL LADNER

Es wird in diesem Buch einige Male angesprochen, wie formal-delikat Schweizer Architekten mit dem Baustoff Beton umzugehen in der Lage sind – bautechnisch und formal. Das gilt auch für dieses Projekt, das über ein ungewöhnliches Konstruktions- und Nutzungskonzept verfügt, das sich von den gängigen Konventionen freimacht und Innen- sowie Außenräume von großer sinnlicher Qualität ebenso wie von funktionaler Raffinesse schafft.

rechts Wie perfekt sich zeitgenössische Architektur im Kontext behaupten kann, zeigt dieses Projekt geradezu vorbildlich. Wichtig für den Gesamteindruck des Anwesens ist auch die Mauereinfassung, die dem Auge in der Wahrnehmung Halt gibt – ein Aspekt, der in der Planung häufig vernachlässigt wird.

unten Die Dachform ist nicht nur eine respektvolle Geste den Nachbarn gegenüber, sie schafft vielmehr im Innern eine hoch komplexe Raumbildung von großem architektonischem Reiz.

Erläuterungsbericht der Architekten

„Das architektonische Konzept – ein Derivat aus baugesetzlichen und lokalen Einschränkungen.

Das knappe Grundstück ist mit maximaler Kubatur, Gebäudehöhe und Ausnutzung bebaut: das Wohngeschoss ist zuoberst im 2. Obergeschoss angeordnet, mit einer Grundfläche, die annähernd derjenigen des Grundstücks abzüglich der Flächen der Grenzabstände entspricht. Von hier oben genießt man einen Überblick ins Buchser Rheintal. Darunter, im 1. Obergeschoss, bereits im Eingrenzungsbereich von Nachbarbauten oder -bäumen, liegt das Zimmergeschoss. Es konsumiert die restliche Ausnutzung. Seine Grundriss-Disposition, eine Kreuzfigur, zieht die Zimmer zurück in den Schutz und Schatten des Baukörpers. Das Erdgeschoss schließlich ist offen, Vorfahrt und Garten in einem. Indem es von Mauern gefasst wird, bildet sich ein Hof, der sozusagen unter das Haus, das auf sechs Pfeilern ruht, eingeschoben wurde. Im Bereich der Kreuzquadranten öffnen sich großzügige, zweigeschossig hohe Lufträume, die Sonnenlicht und -wärme in den Hof unter das Haus einfallen lassen.

Das Haus ist unterirdisch fast so groß wie das sichtbar aufgeständerte: Im 1. Untergeschoss befinden sich Räume für Garderobe, Fitness, Waschküche, Musikprobe und Haustechnik. Schließlich, tief verwahrt im 2. Untergeschoss, der großzügige Weinkeller mit Degustationsraum, der zenital durch eine Zylinderkuppel belichtet wird.

Das Gebäude ist demzufolge fünfgeschossig, und jeder Grundriss verschieden. Die Treppe, eine Doppelhelix, trennt die für Gäste zugänglichen Räume von den privaten. So ge-

unten und unten rechts Impressionen aus dem ersten Obergeschoss mit den patioartigen Grundrissausschnitten – es ergibt sich ein Raumgefüge mit einer äußerst interessanten Grundrisslösung.

rechte Seite Welch ein Raumerlebnis im obersten Geschoss unter dem Dachzelt – einfach überwältigend.

langt man vom Hauseingang direkt hinauf zum Wohnraum oder hinunter zum Degustationsraum.

Warum Beton? Das Aufständern des Hauses auf sechs Pfeiler führt ganz direkt zur Frage nach dem Baukörper und seinem Tragwerk. Im Grund genommen wird der gesamte Bau in seiner vertikalen Mitte auseinandergewuchtet, so dass sich zwischen dem Unterbau im Erdreich und dem sichtbaren Überbau ein Hof als offener Außenraum einziehen lässt. Dadurch bilden sich zwei geschlossene, gefäßartige Hohlkörper, was besonders beim aufgeständerten Gebäudevolumen erkennbar wird, das über einen Boden (die Deckenuntersichten des Hofraums), über vertikale Wandungen (die Fassaden) und über ein zeltartiges Dach (eine pyramidenförmige Kuppelschale) verfügt. Alle äußeren Abwicklungen des Gebäudevolumens bestehen somit aus Schalen in Sichtbeton, insbesondere auch das Dach (!), sodass sich ein stabiles Gehäuse bilden lässt. Diese Voraussetzungen erlaubten es einerseits, die Pfeiler von den Gebäudekanten zurückzusetzen und damit Auskragungen zuzulassen, was die architektonische Eigenständigkeit des Baukörpers verstärkt, als auch große Öffnungen in Boden, Wand und Dach einschneiden zu können, was die Charakteristik der Gebäudewandungen als dünne Schalen zum Ausdruck bringt. Konsequent wurde der bauphysikalische Schichtenaufbau daher nach innen entwickelt, die Dachuntersichten und Innenwände verputzt und die Böden als Terrazzo-Estriche innen aufgebracht. Das Haus erfüllt den Minergie-Standard, mit kontrollierter Lüftung und Wärmerückgewinnung."

Es ist ein Vergnügen, sich in die Pläne und die Fotos einzulesen und immer wieder auf raffiniert zurückgenommene Perspektiven zu stoßen – dieses Haus bedarf nicht der vordergründigen Effekte, um auf sich aufmerksam zu machen, nein, die künstlerisch ausgeformte Gebäudehülle spricht für sich: architektonische Qualität auf höchstem Niveau.

Das Foto zeigt die räumlichen Dimensionen an, die sich unter dem Zeltdach ergeben – dieses ist das Wohngeschoss, das auch den Essbereich und die offene Küche birgt.

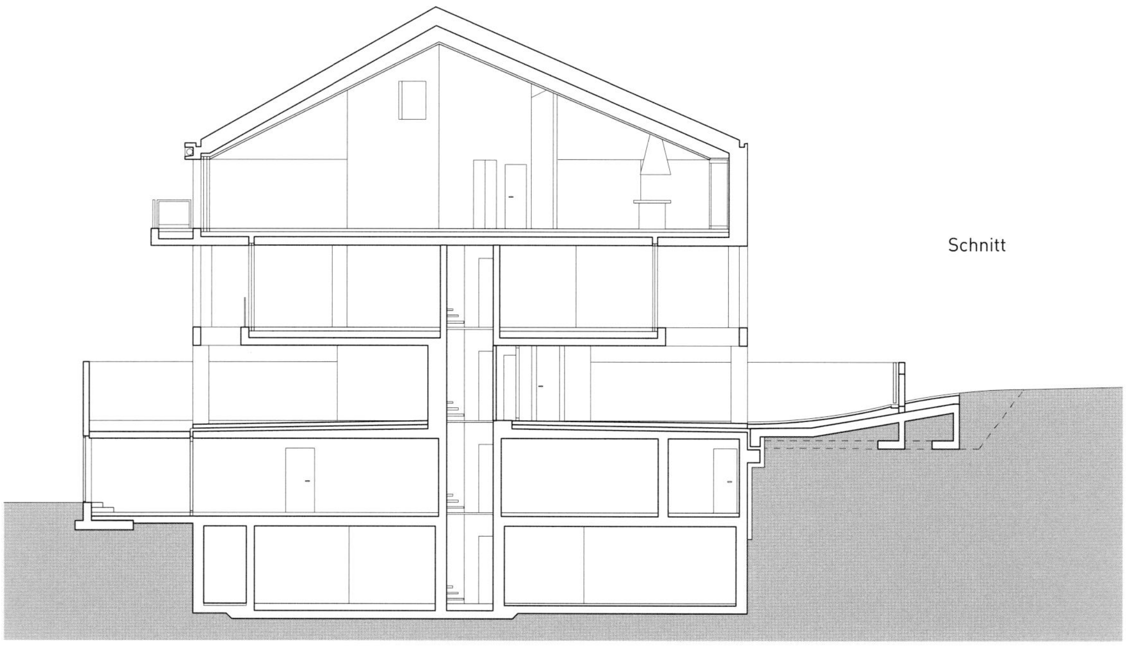

Schnitt

linke Seite Der Degustationsraum im ersten Untergeschoss.

oben Das elegante Bad im 1. Obergeschoss mit offener Verbindung zum Schlafraum – interessant ist auch hier die Grundrisslösung mit dem patioartigen Einschnitt.

Der meditative Ruheraum vor dem Saunabereich mit dem raffiniert inszenierten Lichtzylinder – hier kann die Konzentration auf sich selbst stattfinden.

Die Wanne mit direktem Blick in den dreieckigen Gebäudeausschnitt – Balkonbereich auch für das angrenzende Schlafzimmer.

Projektdaten

Grundstückfläche: 695 m²
Wohnfläche: 414 m²
Nutzfläche: 635 m²
Umbauter Raum: 3595 m³
Baubeginn: August 2009
Fertigstellung: Juni 2012
Heizung: Fußbodenheizung / Erdsonden mit Sole-Wasser-Wärmepumpe
Heizwärmebedarf in kWh/m²: 31,5 kWh/m²

Bearth & Deplazes Architekten
Valentin Bearth · Andrea Deplazes · Daniel Ladner
Wiesenthalstrasse 7
7000 Chur

Wolfgang-Pauli-Strasse 15
HIL F 75
8093 Zürich
www.bearth-deplazes.ch

Fotos: Ralph Feiner, Chur

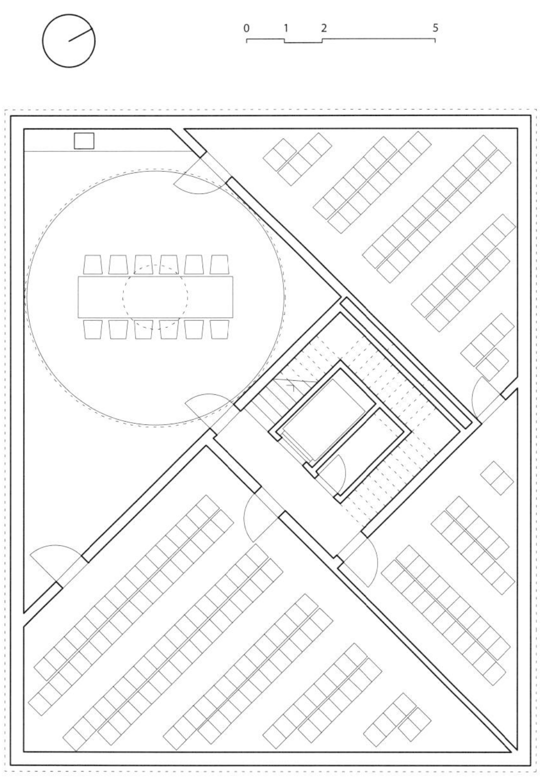

2. Untergeschoss

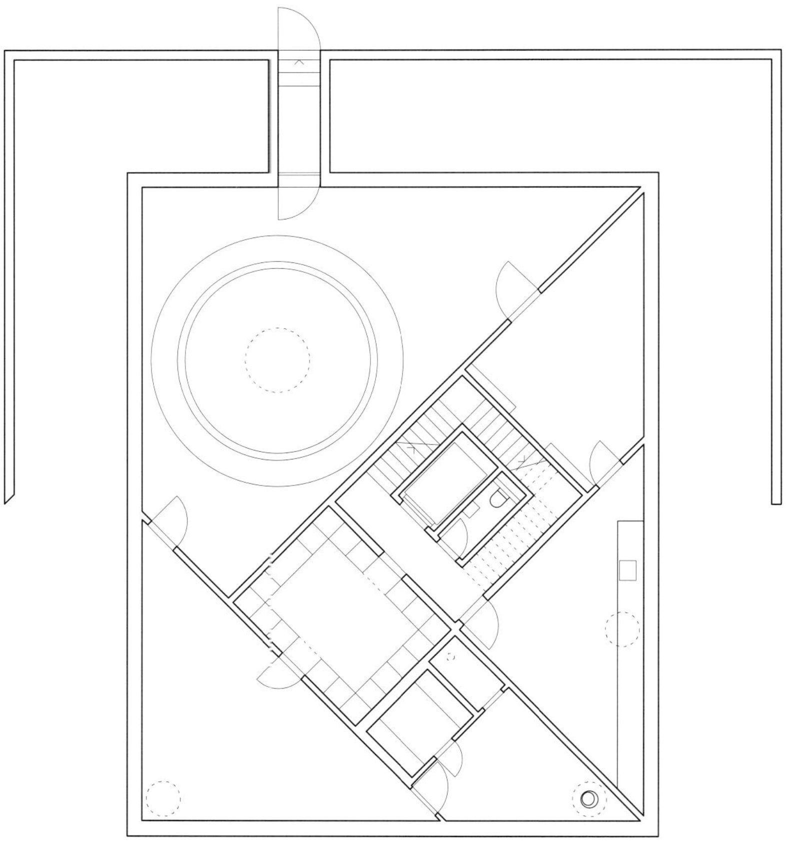

1. Untergeschoss

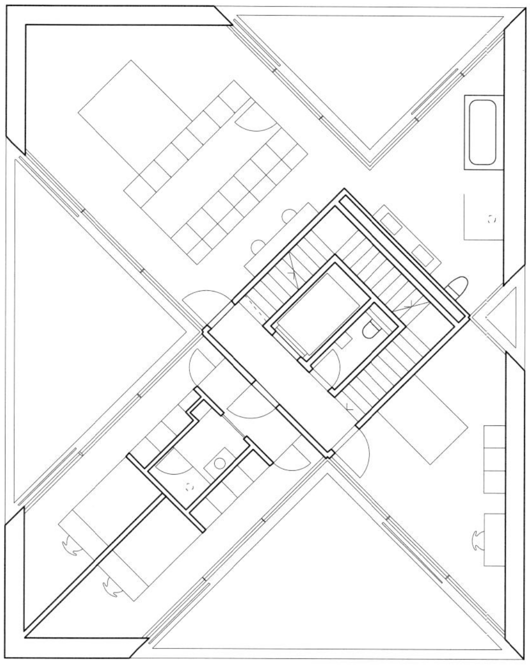

1. Obergeschoss

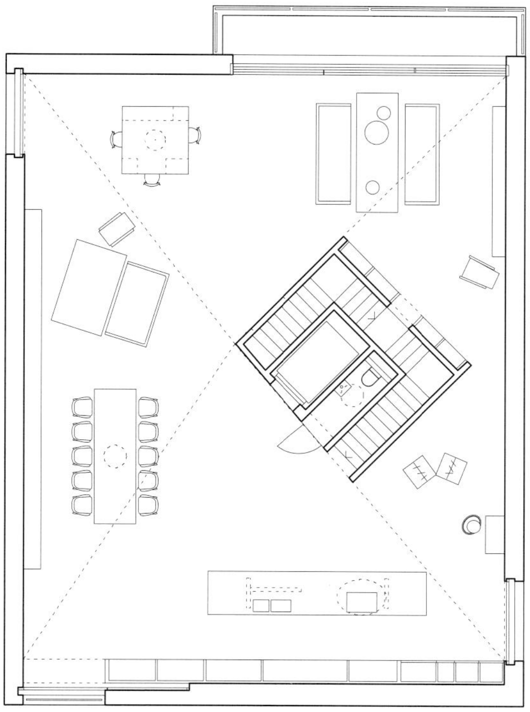

2. Obergeschoss

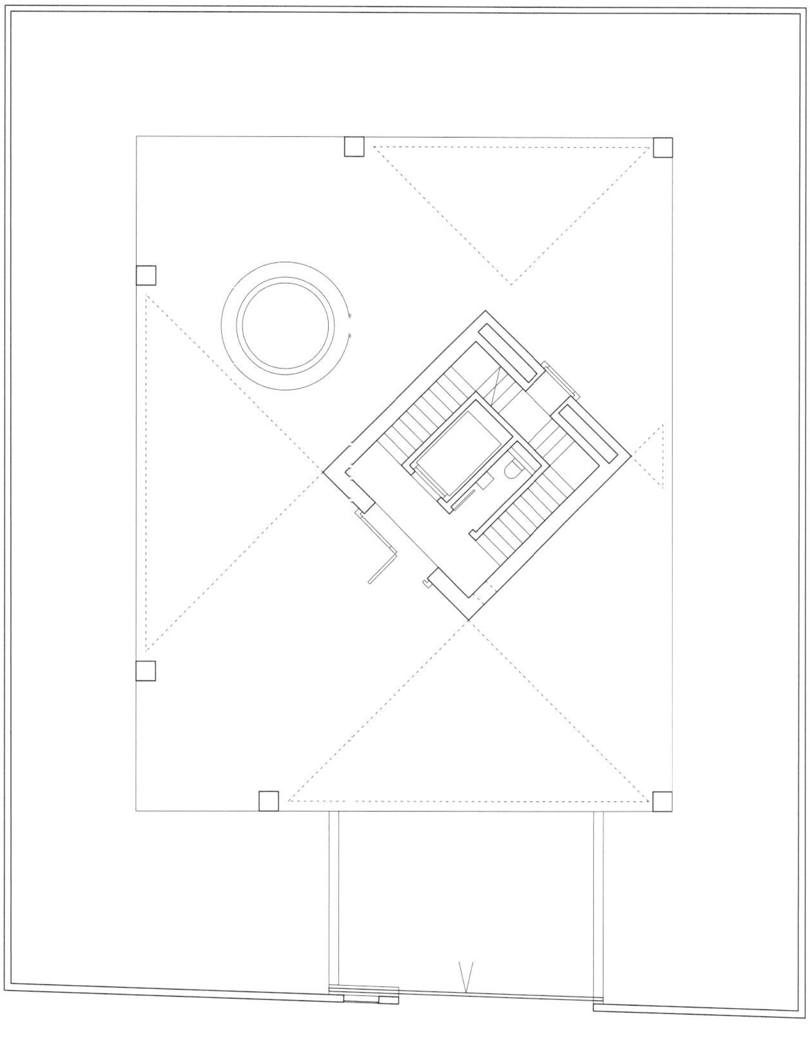

Erdgeschoss

SUBTILE ELEGANZ IM AUSSENBEREICH EINES LANDSCHAFTSSCHUTZGEBIETS

BEMBÉ DELLINGER, GREIFENBERG

Für Architekten ist jede Bauaufgabe eine Herausforderung, aber je größer die Erfahrung und Kennerschaft, um so routinierter geht man damit um. Dass dieses Architekturbüro über umfassende Kompetenz verfügt, ist bekannt. So unterschiedlich die Aufträge des Büros auch sind, so variantenreich sind natürlich die Entwürfe, aber alle Projekte haben einen gemeinsamen intellektuell-formalen Ansatz, der sie unverwechselbar verbindet: die Dominanz einer gestalterischen Raffinesse, die sich niemals aufdrängt, aber ihre wohltuende Kraft auf Dauer bewahrt und das auf stets höchstem Niveau.

Die Bauaufgabe: „Ein Refugium für Familie und Freunde. Momentan noch Ferienhaus, später vielleicht Altersruhesitz. Man hat uns das Vertrauen gegeben, da wir im 5-Seen-Land südlich von München schon viel gebaut haben und die Gegend hier, hinter Salzburg, vergleichbar schien. Eine idyllische Lage zwischen Bergen und Seen, im Außenbereich und Landschaftsschutzgebiet. Entsprechend anspruchsvoll waren die Verhandlungen mit dem Landschaftsschutz.

Die Genehmigung des Projekts war nur möglich, weil rechtlicher Bestandsschutz galt – es gab dort an der Stelle schon ein Gebäude; das neue musste dann in Höhe und Kubatur dem Vorgängerbau entsprechen. Hier werden die Auflagen häufig buchstabengetreu definiert – nicht immer im Sinne auch einer positiven architektonischen Weiterentwicklung und einer Neuinterpretation. Wer neu baut, will schließlich keine Replik einer längst überholten Bau- und Architekturauffassung, es sei denn, diese hat einen wirklich baukünstlerischen Wert, den es zu erhalten und zu ergänzen gilt. Das war hier nicht der Fall – entsprechend stellt sich der Neubau in seinem Auftritt selbstbewusst dar, ohne

Eine ungewöhnliche Gebäudeform, die sich nur als Skulptur beschreiben lässt – entsprechend selbstverständlich steht dieses Kunstwerk in der Landschaft.

die Wurzeln einer ländlichen Bautradition zu kappen. Im Gegenteil, die Schindelverkleidung schafft Assoziationen und zeigt die Verbundenheit zur Region.

Der Neubau verfügt über vier Geschosse. Es gibt einen Wellnessbereich, eine Einliegerwohnung, die später auch einmal vom Pflegepersonal bewohnt werden kann. Das 1. Obergeschoss ist den Kinder- und Gästezimmern vorbehalten, während das Dachgeschoss über eine weitere abgeschlossene Wohnung verfügt, die den Eigentümern als Refugium dient.

Der Region entsprechend bestimmt Holz im Innern das Ambiente - Douglasie sowohl als Parkett und Wand- sowie Deckentäfelung in geschliffen und geseifter Oberflächenbehandlung."

rechte Seite Der hallenartige Wohnraum im Obergeschoss mit dem perfekten Wechsel aus Holzvertäfelung und Putzfassade – jede Fläche stellt einen besonderen Blickfang dar.

Der kleine Arbeitsplatz mit Zugang zu dem Balkon im 1. Obergeschoss.

Einer der Schlafräume unter dem zeltartig geformten Dach. Bestechend sind die breiten Dielen und das schöne Furniermuster an der Wandvertäfelung.

linke Seite Die Treppenwange scheint geradezu dem heiligen Sebastian auf dem großen Gemälde im Treppenraum antworten zu wollen – eine entwurflich nicht zu überbietende Eleganz.

Erfüllt dieses Bauwerk die Assoziationen ländlichen Bauens? Wohl kaum. Aber es lenkt den Blick des Betrachters auf eben diese andersartige Interpretation des Bauens in einer Situation, die den Landschaftsschutz genießt – zu Recht, und wenn dann die Architektur ein formal-ästhetisches Angebot bietet, das die Natur um die Faszination menschlicher Kreativität bereichert, dann ergänzen sich – wie hier – zwei Welten auf gedankliche und erlebnisreiche Weise. Aber dazu bedarf es der Magie einer meisterhaften Architektur – hier ist es den Architekten wieder überzeugend gelungen.

Wahrlich mehr als nur ein Treppenauge – vielmehr das zentrale Kunstwerk auf jeder der beiden Grundrissebenen – einfach faszinierend.

Welch ein Kunstwerk stellt diese Treppe dar! Die weißen Wangen bilden geradezu eine eigene skulpturale Welt mit fantastischen Blickbezügen.

Projektdaten

Grundstücksgröße: 9630 m²
Wohnfläche: 581m²
Nutzfläche: 78 m²
Planungsbeginn: 2010
Baubeginn: 2010
Fertigstellung: 6/2011

Bembé Dellinger
Architekten und Stadtplaner GmbH
Felix Bembé, Sebastian Dellinger,
Prof. Anne Beer
Architekten BDA
Im Schloss
86926 Greifenberg
www.bembe-dellinger.de

Fotos: Stefan Müller-Naumann, München

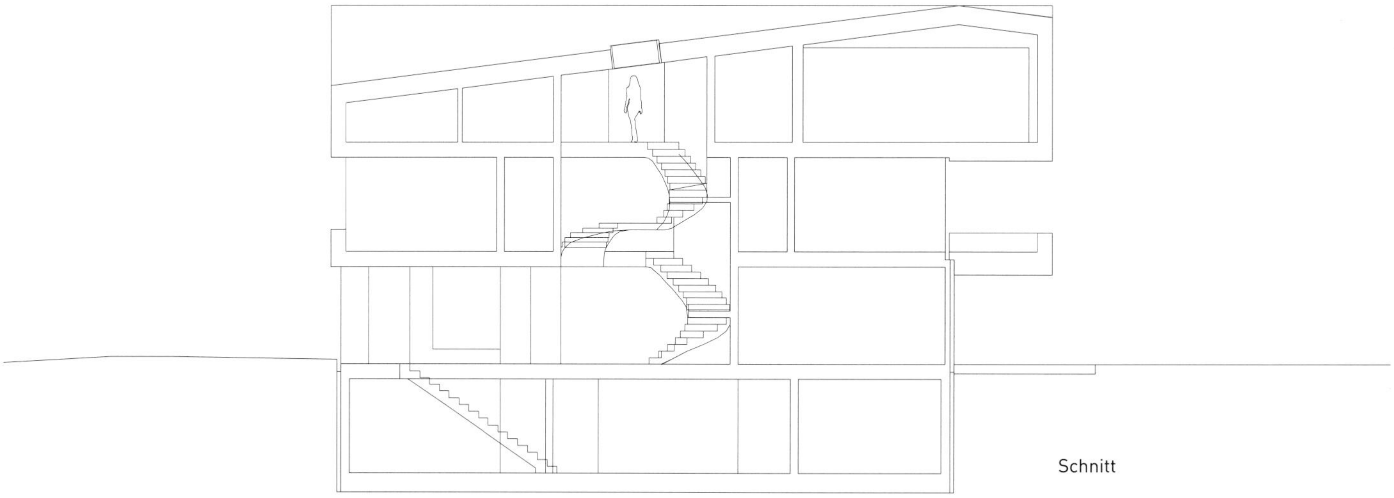

Schnitt

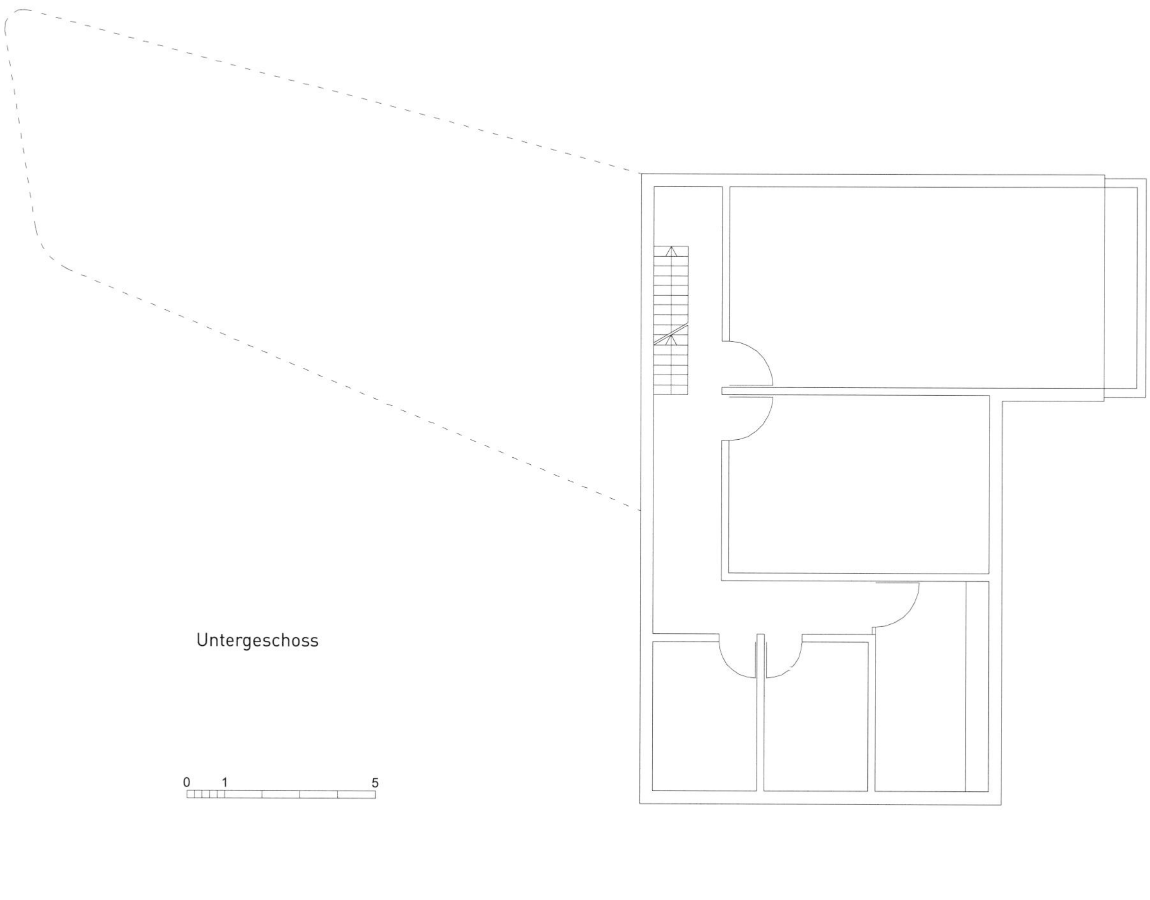

Untergeschoss

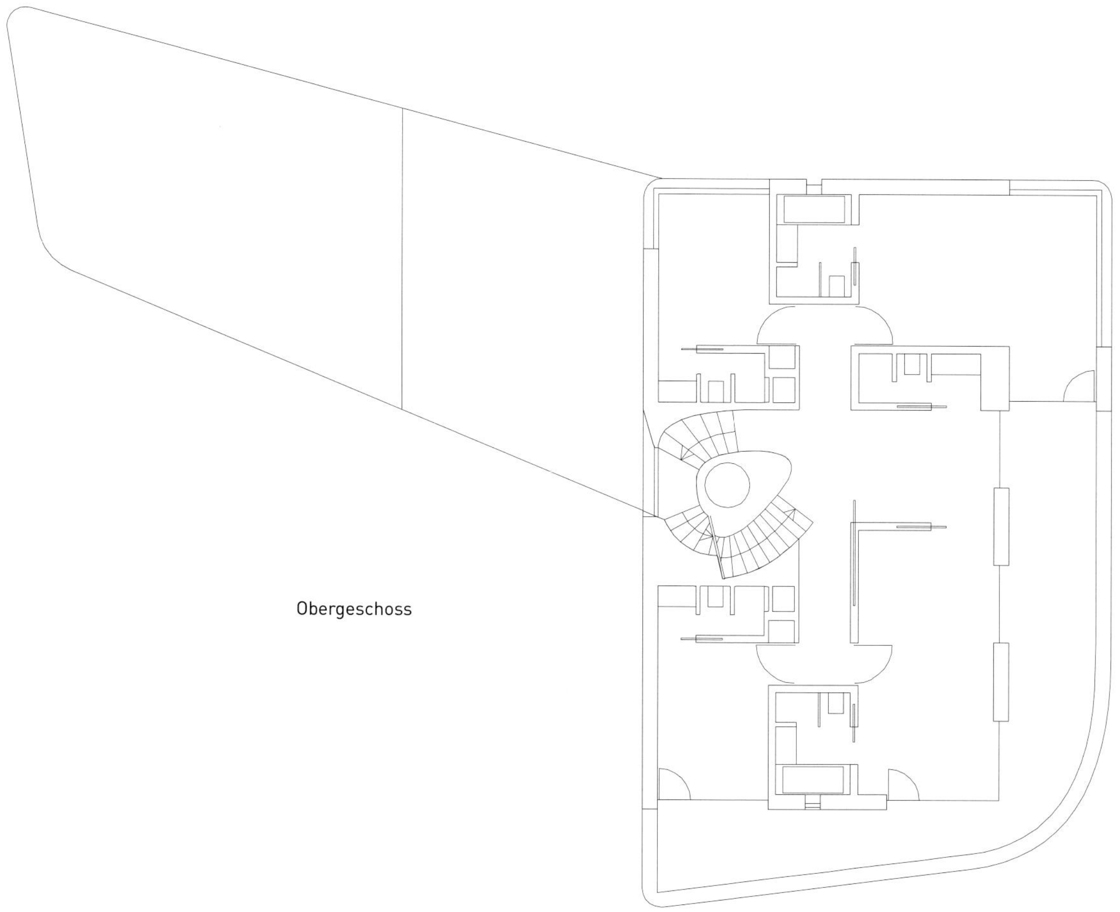

Obergeschoss

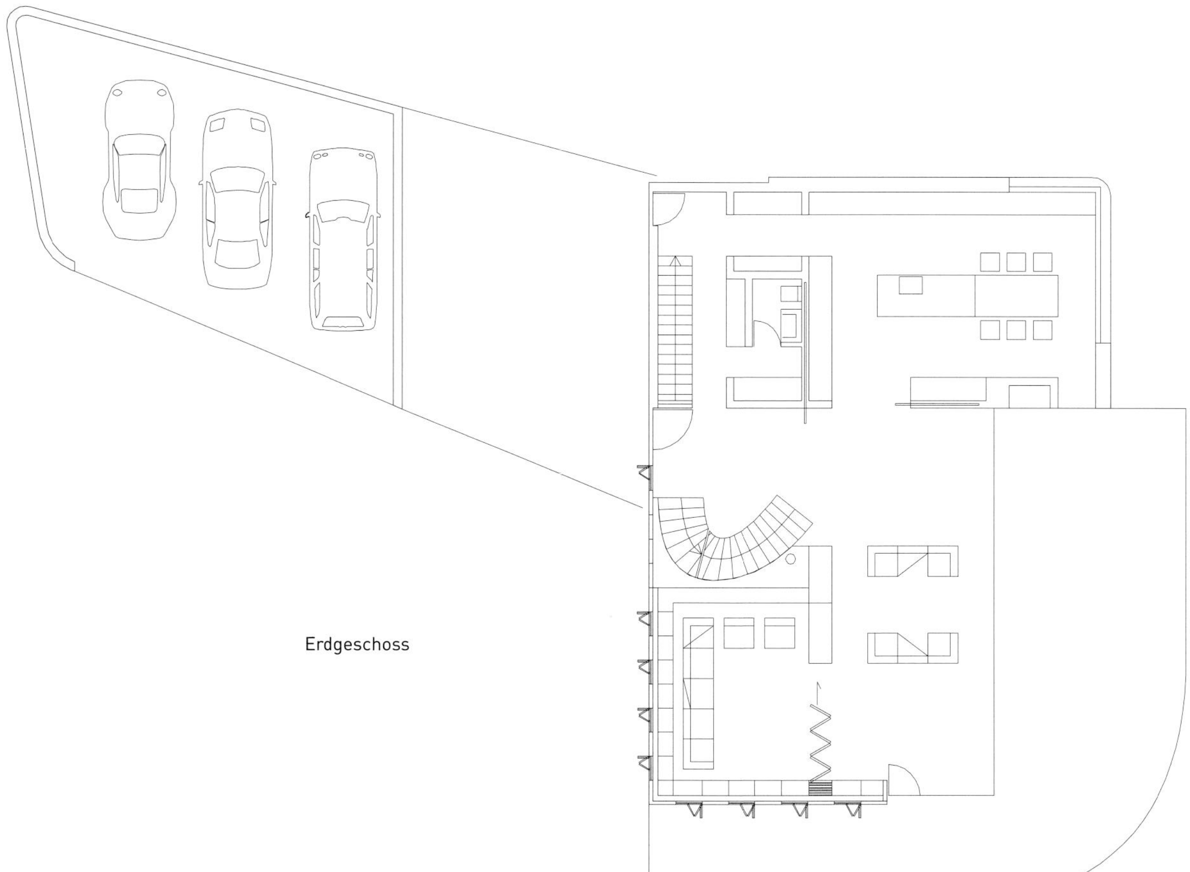

Erdgeschoss

BLACK PEARL – DAS SYNONYM FÜR ZEITLOSE ELEGANZ

ZORAN BODROZIC, WIEN

Das Schreiben über Architektur hat allzu oft einen zu nüchternen Tonfall, dabei ist doch die Architektur für die Auftraggeber und den Architekten stets ein hochemotionales Geschehen – in der Planungsphase, während des Baufortschritts und natürlich besonders später, wenn das Bauwerk zu „leben beginnt", also von seinen Bewohnern bespielt wird. Dazu zitiere ich hier einen kleinen Ausschnitt der Vorgeschichte der Auftraggeber: „Am Anfang stand der Entschluss, uns in Wien niederzulassen. Dann begann die Suche nach dem richtigen Objekt. Drei Jahre und mehr als 500 Grundstücke später fand ich es. Das Grundstück war komplett verwildert und dunkel, mittendrin eine gespenstische Bauruine aus den 50er Jahren, und trotzdem sah ich das Potenzial, vor allem spürte ich es. 16 Tage später war der Kaufvertrag unterschrieben."

Der Architekt beschreibt die Situation so: „Winter 2006, ein mit Föhren bewachsenes, 2000 Quadratmeter großes Grundstück, Hanglage im Norden Wiens, und eine auf Anhieb sympathische junge Bauherrin, und danach bald die Frage – warum sollte gerade ich dieses Haus als Architekt planen? Was würde ich dort machen, spontan? Eine Fangfrage, die falsch beantwortet, die Chemie sofort unwiderruflich beeinflussen kann. Gleichzeitig die richtige Herausforderung – soll ich mich diesmal stellen, oder ausweichen? Weiß ich wirklich, was ich hier machen würde? Oder fällt mir später was Besseres ein?

Südwesthang, unmittelbar darunter ein Wald im Naturschutzgebiet, unverbaubarer Blick auf die Natur und die Stadt im Hintergrund, Zufahrt von Norden, die Möglichkeit, das Haus so zu platzieren, dass es von der Straße wenig sichtbar wird und dadurch gehoben wirkt – es war mir ziem-

Die Südwestansicht des eleganten Baukörpers, der sich ganz selbstverständlich aus der schon fast prekär zu nennenden schmalen Grundstückssituation herleitet – aber welch Wucht der Erscheinung!

lich schnell klar, dass eigentlich gerade die Natur die Hauptqualität der Lage, also den Genius Loci bedeutet – und machte ohne viel taktische Überlegungen eine Handskizze: ein einfacher, langgestreckter Baukörper Ost–West, nach Süden ganz offen, nach Norden, zur Nachbarbebauung, vollkommen geschlossen, dem Verlauf des Geländes folgend. Eine einfache Zeichnung, nur ein Bild, wirklich spontan, maximal abstrakt, aber trotzdem bildhaft. War es zu bildhaft?

Ich wollte keine schnellen Vorentwürfe ohne Planungsauftrag machen, die hätten hier nicht viel gebracht – es sollte langsam angegangen werden, zuerst der Auftrag, dann die seriöse Planung, so wie bei einem Schneider, wo ein Maßanzug oder ein Kleid nach eigenen Vorstellungen bestellt und mehrmals vor Fertigstellung anprobiert wird …

Raumprogramm und Wünsche – als Erstes nicht zu viel Glas, und dann die weiteren, persönlichen Vorstellungen des idealen Hauses: elegant und zeitgemäß, geräumig, flexible Einheiten, eigene Büroeinheit in der obersten Ebene, Bäder überall en suite, Möglichkeit, einen Aufzug einzubauen, Zufahrt bis zur Eingangstür, getrennter Zugang zum Keller, allesamt die Anforderungen, die meinem Verständnis guter Planung entsprechen, und einen bleibenden Immobilienwert garantieren.

Der Bauherr, der in Deutschland arbeitete und selten in Wien war, ist diesmal auch dabei, die Chemie stimmte trotz Honorarverhandlungen auch sehr gut. Ein Anfang, den man sich so nur wünschen kann.

Vorentwurf, ein paar Monate lang überlegt und gezeichnet, 5 Varianten samt einfacher Arbeitsmodelle, bei einem Abendessen präsentiert – Gemeinsamkeit: alle 5 mit Glasfassade an der Südseite.

Ich kann es nicht zumachen, der Druck der Natur ist einfach zu stark, sie will in das Haus hinein.

Nach einer Entscheidungsphase wird tatsächlich die beste Lösung ausgesucht und weiter entwickelt. Innen und außen parallel.

rechte Seite Die Südfassade mit dem vorgelagerten Schwimmteich mit faszinierenden Spiegelbildern im Wasser vor dem großzügigen Wohn-/Essbereich.

unten Die Westfassade mit dem Eingangsbereich, der schräg aus dem sonst streng rechteckigen Grundriss herausgearbeitet wurde.

Die Südseite ist vollflächig verglast, das ist überhaupt kein Thema mehr. Die restlichen Fassaden, zuerst als zwei verschiedene Grautöne geplant, wurden als Reynobond und Rieder Zementfaserplatten hinterlüftete Fassaden im gleichen, fast schwarzen Ton beschlossen – einmal Seidenmatt, einmal Stahlkugel gestrahlt. Das Haus ist lang, und soll in der Natur möglichst wenig in Erscheinung treten.

Die dunkle, hinterlüftete schwarze Fassadenverkleidung lässt das Haus in seiner Größe elegant, zeitlos erscheinen. Die Farbwahl lässt die Nachbarschaft und die Passanten nicht unbeteiligt – das Haus hat daher den Spitznamen ‚Black Pearl' bekommen. Innen Holzböden, die Terrassen auch. Eine tieferliegende Steinterrasse im Osten.

Dunkelgraue Profile der Glasfassade, Sologlas-Schiebetüren bis an die Grenze des Machbaren getrieben. Sichtbeton, Sichtbetonstützen, ein Kamin als Raumteiler zwischen Essbereich und Wohnbereich.

Die Eingangshalle im Norden, die sich in einen dreigeschossigen Raum mit Oberlicht entwickelt, führt die Besucher in die Wohnebene, die fast zur Gänze die Fläche des Erdgeschosses einnimmt. Es befindet sich ein Atrium zwischen Küche mit Essplatz und einem repräsentativeren Essbereich mit Kamin. Die überdachte Außenfläche ist mit dem Wohnbereich verbunden und grenzt an ein 40 Meter langes Holzdeck mit einer weißen Markise. Südlich davon befindet sich ein Schwimmbiotop. Als Wasserlandschaft ist es ein Bestandteil der Gartengestaltung.

Im Obergeschoss sind 4 Einheiten samt Bädern und Garderoben als Rückzugsgebiete geplant, zusätzlich mit einer autarken 2-Zimmer-Einheit im Dachgeschoss verbunden.

Dachterrasse: Die anfangs klare, einfache Lösung entpuppt sich dank der Bebauungsbestimmungen als äußerst komplex, es muss baurechtlich ein Doppelhaus sein und das Grundstück soll dementsprechend genau geteilt werden ... Die Technik – Niedrigenergiehaus, Wärmepumpe, mechanische Wohnraumlüftung, alles relativ neue Standards, an diesem passiv-solar optimalen Baukörper gut anzuwenden, mit Fotovoltaik Anlage, die nicht sofort ausgeführt wurde, sogar eventuell ein Plus-Energie-Haus. Die Gebäudehülle ist nach Norden vollständig geschlossen, die anderen Fassaden sind raumhoch verglast (3fache Isolierverglasung). Spezifischer Heizwärmebedarf ist 43,53 kWh/m²a. Die Heizung erfolgt mittels einer Wärmepumpe mit 5 Erdsonden und einer Fußbodenheizung. Die mechanische Be- und Entlüftung wurde mit der Wärmepumpe gekoppelt. Ein leistungsfähiger Kamin ist für die Unterstützung der Heizung

linke Seite Der Blick entlang der Erdgeschossebene – links der Patio mit der vorgelagerten Terrasse und rechts der Treppe, die ins obere Geschoss zu den Schlafräumen führt.

oben Das Erdgeschoss mit der eingezogenen Loggia vor dem Essbereich. Links zeigt sich die Schräge, die zum Eingang zurückführt und im vorderen Teil einen Luftraum bis ins Obergeschoss bietet.

Das großzügige Speisezimmer vor der eingelassenen Kaminwand, hinter der sich der große Wohnraum befindet.

Ein Blick in die Wohnküche mit dahinter liegendem Patio.

links Die über das gesamte Gebäude reichende Südwestterrasse vor einer interessanten Gartenkulisse – den Gegenpol mit einer anderen Außenathmosphäre bildet die Gebäuderückseite mit dem Schwimmteich.

unten links Das Gästezimmer mit eigenem Balkon und Blick in den Garten – rückwärtig befindet sich der Schwimmteich.

unten Ein diskreter Blick in den privaten Badbereich mit angrenzendem Schlaf- und Garderobentrakt – eine verführerische Eleganz auch hier ebenso wie in allen Räumen. Sie erstrahlen in einem Ambiente, das eine ruhige, gekonnte Selbstverständlichkeit vermittelt – besondere Effekte: unerwünscht und überflüssig. Dieses Haus ist aus einem Guss – formal, mental und atmosphärisch. Ein großer Entwurf.

und bei einem eventuellen Stromausfall eingebaut worden. Die passive Solarnutzung ist durch die Ausrichtung des Hauses, durch die Anordnung der Verglasungen, durch einen Pufferraum im Norden und durch eine außenliegende Beschattung optimiert.

Die Speichermasse ist durch die Betonkonstruktion, trotz einer statischen Optimierung minimiert, für einen ausgewogenen Energiehaushalt ausreichend vorhanden. Ein Schwimmbiotop im Süden trägt durch Reflexion zum Energiehaushalt bei.

Entscheidungen über komplexe technische Zusammenhänge, ohne eigene HLS- und Gartenplanung und eines Elektro- und Lichtkonzepts, das wäre nicht zu vermitteln – in der Phase ist der Auftraggeber tatsächlich auf die Planer verwiesen, ein Vertrauen ist die Voraussetzung, es ist zu kompliziert.

Die anfangs über einer kleinen Skizze vermittelte Bauaufgabe wurde immer komplexer, die Bauherrschaft wuchs immer tiefer in die Materie hinein, und nach etwa eineinhalb Jahren Bauzeit wurde das Haus fertiggestellt. Seitdem sind wir Freunde. Auch mit dem Bauleiter, der die örtliche Aufsicht gemacht hat, und jetzt mein Partner geworden ist ..."

Die Auftraggeberin fasst nach dem Einzug ihre Eindrücke so zusammen: „Die Bauzeit war trotz allem anstrengend, gleichzeitig ein großes Abenteuer. Für mich als Bauherrin war der Umgang mit den Gewerken eine Gratwanderung zwischen nicht zu nett und nicht zu streng, um zu erreichen, was ich wollte. Wenn gar nichts mehr ging, drohte ich mit meinem Mann, der nie auf der Baustelle in Erscheinung getreten war und wie eine große unbekannte Gefahr im Hintergrund wirkte. Wir spielten höchst erfolgreich ‚guter Cop und böser Cop'.

Falls wir noch einmal die Gelegenheit bekommen sollten, ein Haus zu bauen, werden wir es wieder mit unserem Architekten planen. Voraussetzung, einen Hausbau, gesund zu überstehen, sind ein gutes Team, Gelassenheit und eine große Portion Humor."

Aus beiden Beschreibungen, wie diese außergewöhnlich elegante Architektur entstand, spürt man sofort die bis heute anhaltende Begeisterung. Auch im Architekturgeschehen gilt „Per aspera ad astra!" Ja, das Bauen ist ein mühevoller Prozess für beide Seiten, wenn ein Meisterwerk entstehen soll. Nur wer diesen Prozess einmal selbst erlebt hat, weiß das tiefe Glück des biografischen Statements eines gebauten Unikats zu schätzen. „Black Pearl" – ein treffenderes Kompliment kann es für dieses Haus nicht geben.

Projektdaten

Planungsbeginn: 2005
Planungsende: 2007
Baubeginn: 2007
Bauübergabe: 2009
Grundstücksfläche: 2000 m^2
Bebaute Fläche: 280 m^2
Nutzfläche: 600 m^2
Umbauter Raum: 1600 m^3

Zoran Bodrozic Architekt
Dipl.-Ing., staatlich befugter
und beeideter Ziviltechniker
Chwallagasse 2/2
1060 Wien
www.azb.co.at

Fotos: Lisa Rastl, Wien

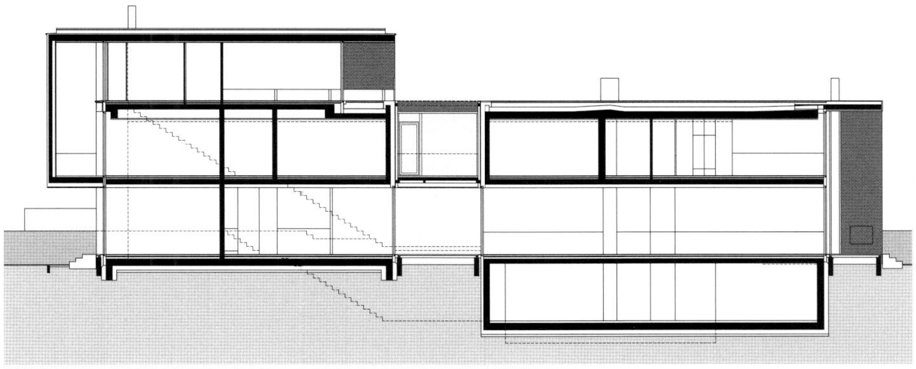

Schnitt A–A

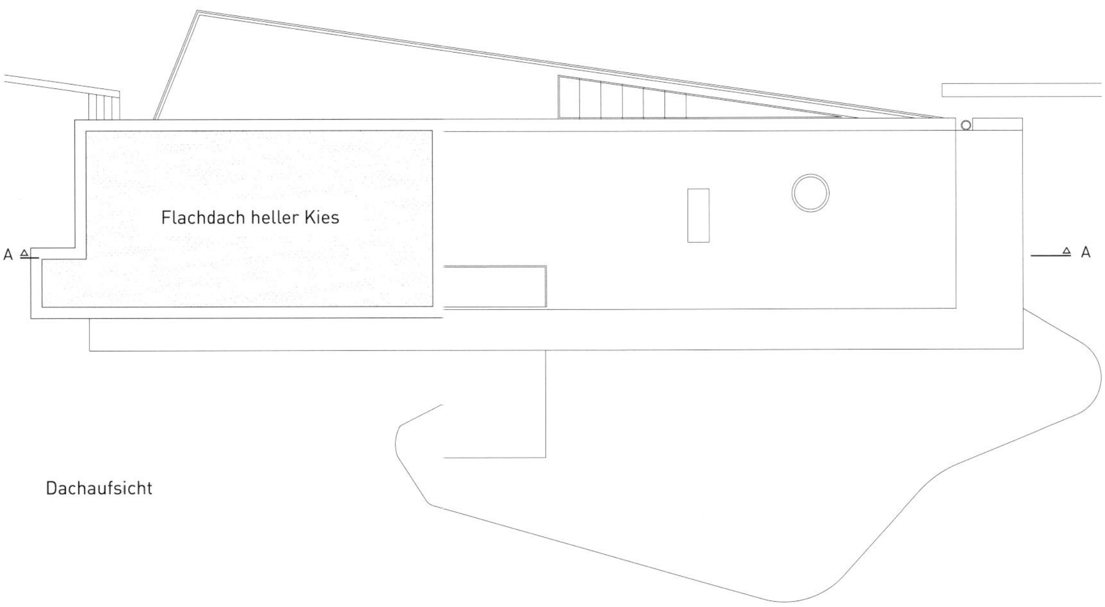

Dachaufsicht

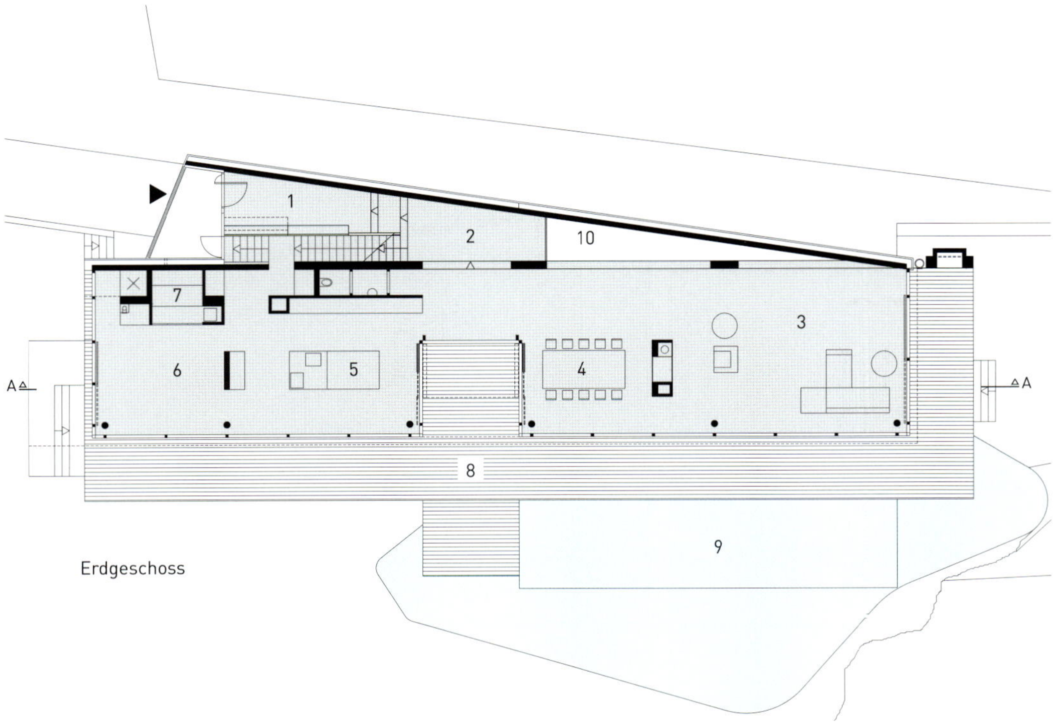

Erdgeschoss

1 Eingang
2 Halle
3 Wohnen
4 Essen
5 Wohnküche
6 Fitness
7 Sauna
8 Terrasse
9 Schwimmteich
10 Luftraum

Kellergeschoss

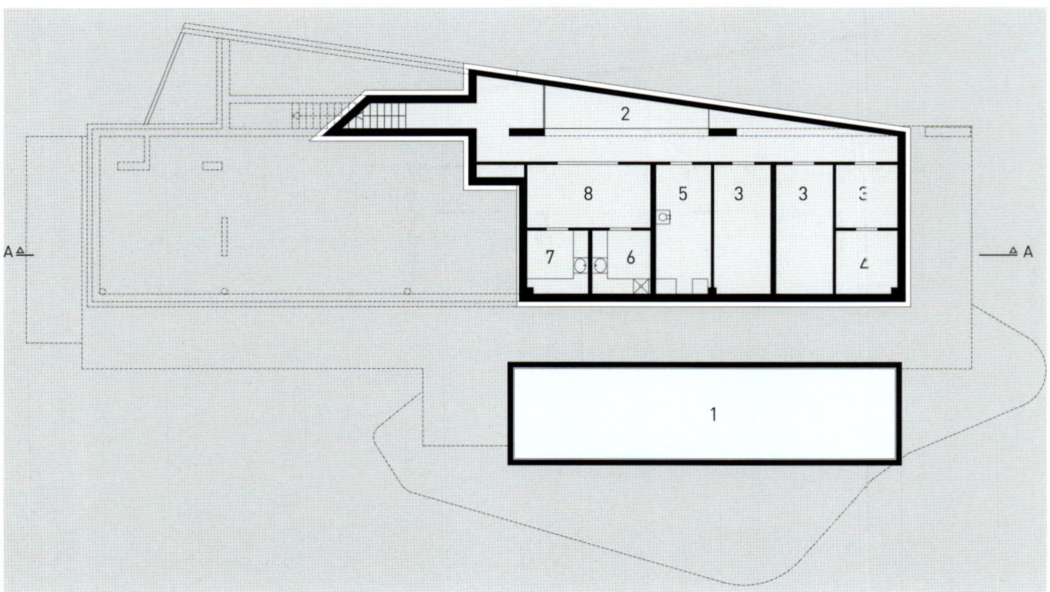

1 Schwimmteich
2 Pflanzentrog
3 Abstellraum
4 Weinkeller
5 Technikraum
6 Waschraum
7 Fotolabor
8 Wirtschaftsraum

1 Luftraum
2 Zimmer/Bad
3 Büro
4 begehbares Flachdach
5 Flachdach heller Kies
6 Flachdach dunkler Kies
7 Sonnenschutz Vordach

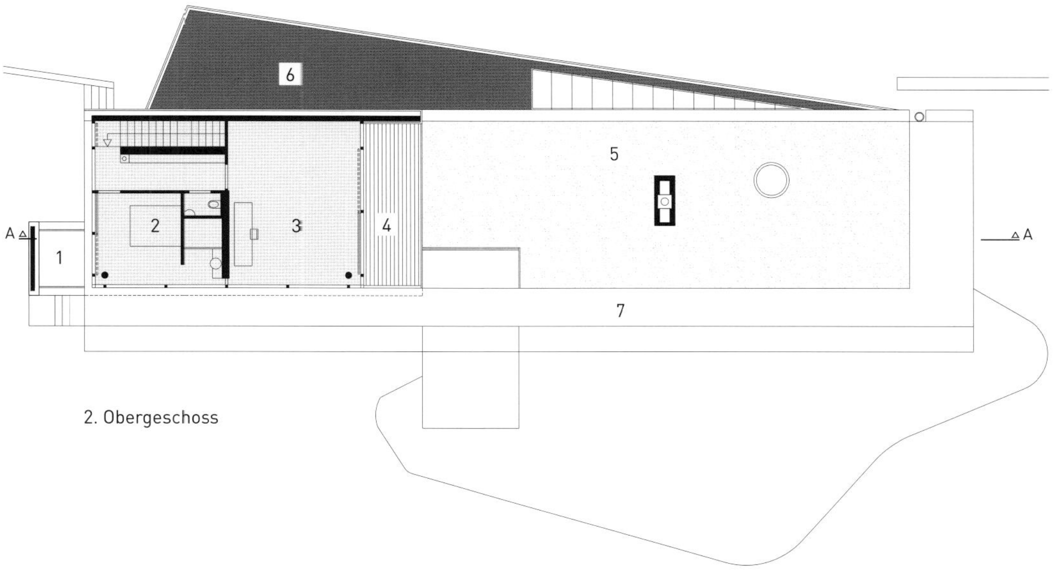

2. Obergeschoss

1. Obergeschoss

1 Terrasse
2 Balkon
3 Luftraum
4 Zimmer/Bad
5 Galerie
6 Gang
7 Garderobe

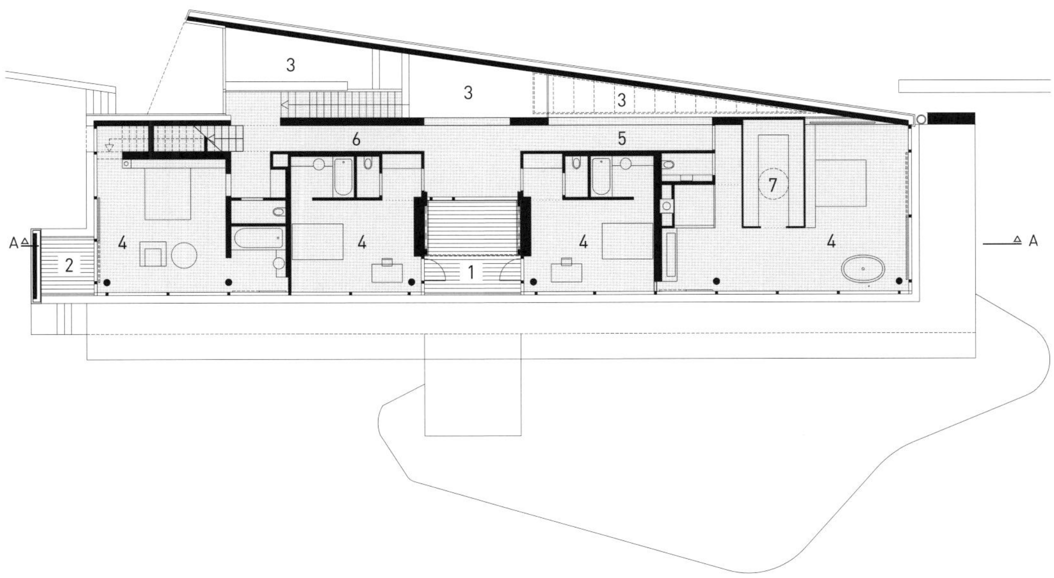

DIE ELEGANZ DER TRANSFORMATION

MARCO CASTELLETTI, ERBA

Den Status, die Mutter aller Künste zu sein, kann der Architektur natürlich niemand aberkennen, aber er hat seinen einst so respaktablen Nimbus zumindest in der Alltagsarchitektur weitgehend eingebüßt. Daran sind die Architekten nicht schuldlos. Es wird immer wieder die Zahl kolportiert, dass nur etwa 1 Prozent der Architektenschaft in der Lage ist, so zu entwerfen und zu bauen, dass man auch wirklich von Architektur sprechen kann. Und dann gibt es den noch größeren Abstand in der Könnerschaft, wenn man von Baukunst sprechen will. Dieses Projekt der Architekten Castelletti zähle ich ohne Wenn und Aber zur Baukunst, weil es über die einzigartige Qualität einer Architekturauffassung verfügt, die mit großer Leichtigkeit den Sprung von der Architektur zur Kunst vollbracht hat – zu einem einzigartigen Unikat von großer gestalterischer Kraft.

rechts Auch wenn die Umfassungsmauern des alten Hauses erhalten blieben, so verfügen die drei Ebenen des Hauses jetzt über einen perfekt funktionierenden Grundriss – von außen ist von alldem nichts zu erkennen.

unten Wie ein guter Archäologe hat der Architekt Teile der alten Bausubstanz sichtbar belassen – unten die Garage und einen Abstellraum.

rechte Seite Die e ngehauste Veranda im Erdgeschoss vor dem Wohn- und Speisetrakt. Hier wird die alte geputzte Hauswand zur Projektionsfläche der Lichtspiele. Im Hintergrund zeigt sich der Balkon, der über interessante Blickbezüge nach innen wie nach außen verfügt.

Erläuterungsbericht der Architekten

„Die Sanierung und Renovierung bestehender Gebäude ist ein Thema, das die Architekten aus unterschiedlichen Gründen in Zukunft noch stärker als bisher beschäftigen wird.

Bei dem hier vorgestellten Gebäudeensemble, das in den 1970er Jahren an den Hügeln errichtet worden war, die die Stadt Como umgeben, war die Ausgangslage wegen der zeittypischen Architektur ohne bauhistorischen Wert, eine nicht einfache Aufgabe. Dieses Projekt bot uns jedoch die interessante Möglichkeit, das bestehende Gebäude nicht etwa nur energietechnisch zu sanieren, sondern wir wollten ihm eine vollkommen andere, eine gänzlich neue architektonische Form geben.

Das Haus war ursprünglich in der Tradition und den Materialien der Region errichtet worden, umgeben von konzeptlos gesetzten Bäumen und Pflanzen. Die beiden separaten Apartments unter der gefalteten Dachlandschaft wirkten zwar als Gebäudeeinheit, deren formale Heterogenität sich aber architektonisch längst überholt hatte.

Es war daher das Ziel der Restrukturierung, auch wieder zwei voneinander unabhängige Apartments zu bauen – mit einer unterirdischen Parkgarage und einem Umbau der inneren Raumstruktur und dem Ausbau des Dachgeschosses. Nach Abbruch der geneigten Dächer wurden die Außenwände erhöht, sodass auf diesen ein Flachdach errichtet werden konnte.

Die neue Fassade korrespondiert in den Außenmaßen mit dem alten Gebäude, wobei die Gesamtkonstruktion so umgeformt wurde, dass jetzt ein großes Rechteck als Dach entstand. An den Wänden wurden senkrecht Metallkonstruktionen befeststigt, die die horizontale Holzkonstruktion tragen, die dem Gebäude eine neue umlaufende Hülle bieten.

Die zwei Ebenen der Fassade – alte Wände und neue Holzkonstruktion – verschaffen dem Gebäude eine äußere Zweigeschossigkeit, die eine höchst qualitätvolle Übergangszone zwischen dem Innern des Hauses und dem umgebenden Garten bietet.

So konnte das gesamte, einst kleinteilige Hauskonzept in ein einziges, prominentes Volumen umgeformt werden. Dennoch bewahrt der Umbau das kleine Apartment nach Osten

unten beide Impressionen – oder vom Eigenleben der zweiten Hülle des Gebäudes, die nicht nur grafisch als Kunstwerk besticht, sondern auch durch das Licht- und Schattenspiel der Holzlamellen in sich und als Projektion auf den dahinter liegenden Wänden. Das **rechte Bild** zeigt den Balkon im Obergeschoss.

und das größere nach Westen, das in drei Ebenen gegliedert wurde – einschließlich Basement. Ein Lift verbindet die Ebenen, ebenso eine Wendeltreppe.

Die Eingänge der Apartments liegen sich gegenüber und sind so konzipiert, dass die Wohnräume nach Süden im Erdgeschoss ausgerichtet sind und die Schlafräume nach Norden im Obergeschoss.

Im Geschoss über der Küche des großen Apartments, wo es vorher einen Luftraum gab, wurde ein Schwimmbad mit Oberlicht eingebaut. Dieser private Bereich liegt gleichsam im Zentrum des Hauses versteckt und dabei gleichzeitig von beiden Wohneinheiten zugänglich: eine ganz besondere Erlebnisebene, auf der die räumliche Qualität als Insel der Erholung in direkter Blickverbindung zum Himmel mit seinen täglich wechselnden Wolken- und Farbformationen kulminiert. Vom Schwimmbad und einem kleinen Türkischen Bad gelangt man über eine Terrasse auf das Dach. Eine Fotovoltaikanlage dient als Stromlieferant. Die Flächen neben dem Glasdach über dem Schwimmbad und dem Solarium wurden als großzügige Terrasse konzipiert, von der aus die Bewohner einen fantastischen Panoramablick nach Süden auf die umgebenden Seen haben."

Der Umbau hat zu einer neuartigen Architektur geführt, die jetzt über großen Komfort und ein äußerst behagliches

rechte Seite oben Der weiträumige Wohn-/Essbereich im Obergeschoss ist nach Süden ausgerichtet.

rechte Seite unten Die Wendeltreppe – hier der Antritt im Wohngeschoss – verbindet intern platzsparend alle drei Geschosse. Zusätzlich gibt es gegenüber einen Lift, der auch alle drei Ebenen erschließt.

unten Eine formal und atmosphärisch vollkommen andere Welt stellt das Schwimmbad im Obergeschoss dar: bestechend in der Kargheit der Materialien, ist dem Architekten hier vielmehr als nur ein Schwimmbad gelungen – es ist ein räumliches Meisterwerk von hoher, auch meditativer Qualität. Großartig!

Ambiente in allen Räumen verfügt – wobei der Schwellenbereich zwischen tragenden Wänden und der vorgestellten Holzfassade ein weiteres architektonisches Element darstellt, das nicht nur eine eigene innenräumliche Qualität als Übergangszone darstellt, sondern sowohl durch seine Sinnhaftigkeit ebenso wie durch die Raffinesse, zu einem Werk von großer baukünstlerischer Qualität geführt hat.

Entstanden ist ein in der Wirkung kraftvolles Bauwerk, das gleichzeitig durch das filigrane Geflecht seiner additiven Fassade dem Betrachter ein spannungsreiches Bild bietet, das dem Auge immer neue und andersartige Sinneseindrücke verschafft – so, als betrachte man eine seltene, kostbare Grafik, die eine besonders der Eleganz zugetane Hand vollbracht hat.

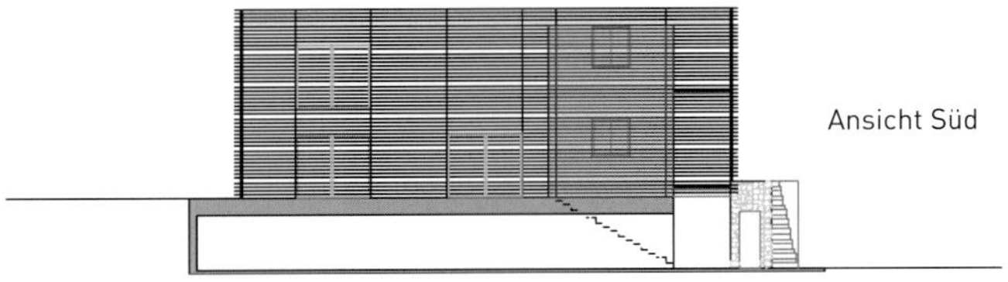

Ansicht Süd

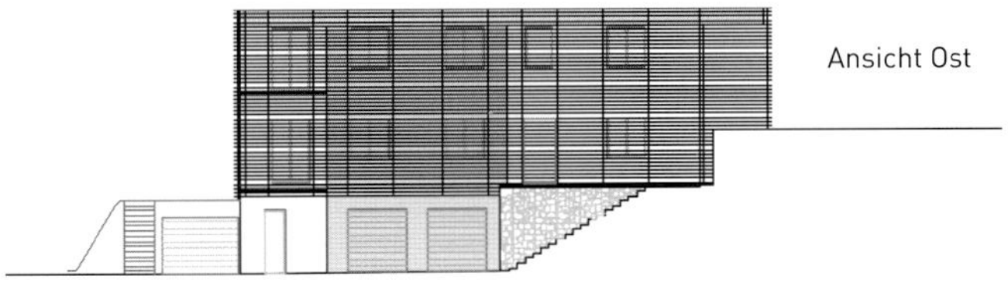

Ansicht Ost

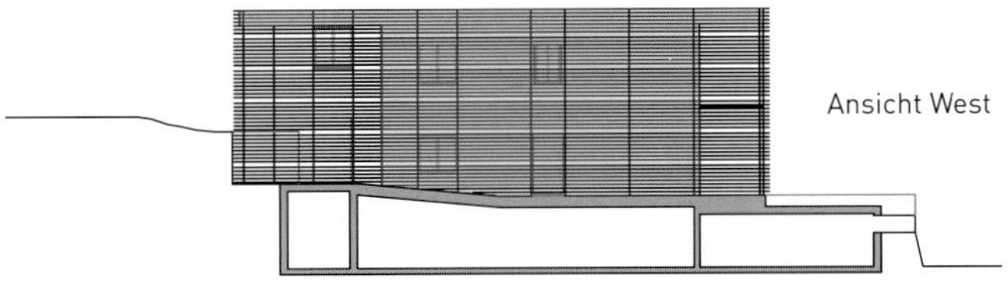

Ansicht West

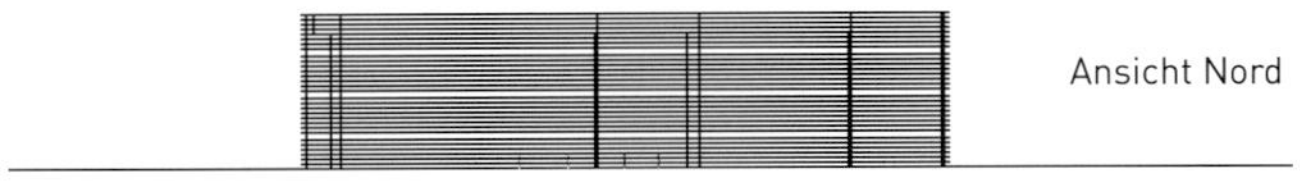

Ansicht Nord

Projektdaten

Grundstück: 1820 m²
Bebaute Fläche: 440 m²
Wohnfläche Apartments: 470 m²
Materialien: Holzfassade aus Lärche
Distanz zwischen Wand
und Holzfassade 15 cm

Marco Castelletti
Via Battisti 7
22036 Erba (CO)
www.marcocastelletti.it

Fotos: Filippo Simonetti, Brunate

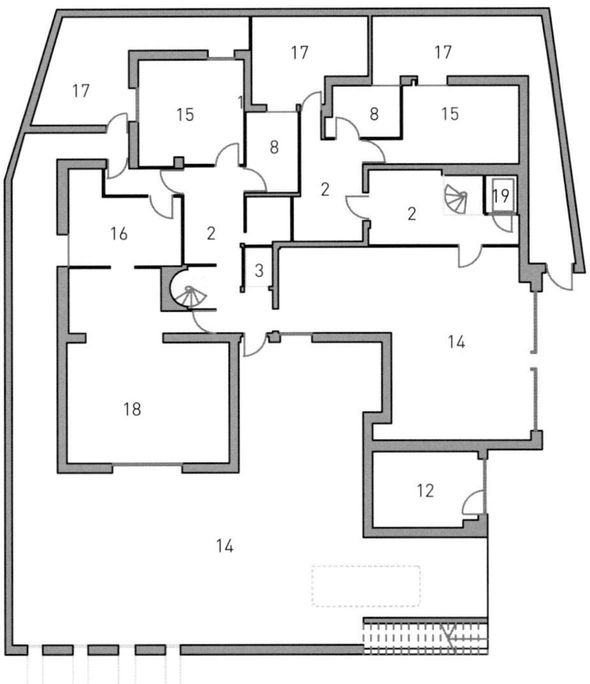

Gartengeschoss

Erdgeschoss

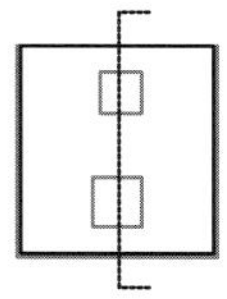

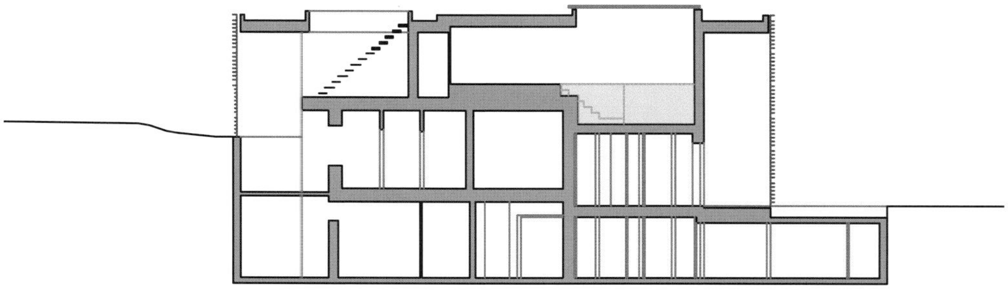

Schnitt

1 Eingang
2 Flur
3 Lift
4 Kochen
5 Wohnen
6 Schlafen
7 Zimmer
8 Bad
9 Garderobe
10 Arbeiten
11 Schwimmbad
12 Haustechnik
13 Balkon
14 Garage
15 Waschraum
16 Müllraum
17 Weinkeller
18 Keller
19 Abstell

Obergeschoss

VOM HELLEN LICHT ZUM SCHATTEN

DENZER & POENSGEN, MARMAGEN

Das Repertoire eleganter Lösungen reicht von der Mathematik über das Denken, Reden, das Design, die Mode, das Auftreten eines Menschen bis – natürlich – zur Architektur und ihren Konstruktionen. Eleganz hat stets etwas mit einem besonderen Esprit zu tun, der sich in einer dezenten Formvollendung und damit in einer feinen Kultiviertheit zeigt. Und Kultiviertheit setzt Wissen und Erfahrung voraus, will sie in der Summe als elegant erscheinen – also als gebaute Architektur. Dabei kann sich die Eleganz im Fassadenbild ebenso zeigen wie wie in der planerischen Lösung sowie der Feinheit in der Ausführung. Unter die Rubrik komplexe Eleganz fällt nach meinem Dafürhalten dieses Wohnhaus in Luxemburg.

rechts Blick von der oberen Ebene in das Atrium, das dem Grundriss eine fantastische Qualität verleiht.

unten Die Straßenfassade – ein ausgewogen proportionierter Block als Hommage an das vielschichtige Erscheinungsbild des Gilsdorfer Natursteins. Geschützt zurückversetzt befindet sich rechts der Hauseingang.

oben Das Atrium ist tatsächlich ein vollwertiger Gartenersatz und besticht durch seine gekonnt minimalistische Gestaltung – formal überhöht dann noch durch die Natursteinwand innen.

unten Das Foto verdeutlicht den Planungsgedanken, alle Räume dem Atrium zuzuordnen und sie gleichzeitig hinter der umlaufenden Natursteinwand zu verbergen – ein wunderbares Gefühl der Geborgenheit.

Erläuterung der Architekten

„Das Bauvorhaben befindet sich in der westlichen Stadtrandlage von Luxemburg. Geschützt vor Verkehr und Straßenlärm, in der ‚zweiten Reihe' liegend, übernimmt das Gebäude die umliegenden Strukturgrößen der rückwärtigen Bebauung. Hier ist nur eine eingeschossige Bauweise möglich. Über einen langen schmalen Zufahrtsweg zwischen den Häusern der Straßenbebauung gelangt man zum Haus, welches völlig introvertiert und geschützt vor den Einblicken der Nachbarschaft in den Garten eingebettet ist. Zur Realisierung des ‚großen' Raumprogramms sieht der Entwurf ein komplettes Geschoss unterhalb des Geländeniveaus vor. Die Belichtung erfolgt fast ausschließlich über drei innenliegende Höfe.

Durch den zurückversetzten Eingang auf der rechten Seite öffnet sich das Innere des Wohnhauses. Empfangen wird man durch ein lichtdurchflutetes Atrium, welches Lichtquelle und räumliche ‚Mitte' des Hauses zugleich ist. Hier entsteht ein ganz besonderer Ort: das Licht führt den Besucher entlang des Atriums durch das Innere. Wände und Böden sind ganz aus Naturstein geplant. Der Atriumgarten verbindet als Steingarten auch materiell das Innere mit dem Außenraum. Kreuzgangartig erschließen sich von hier der öffentliche Teil mit Küchen-, Ess- und Wohnbereich und der

private Teil mit Schlaf- und Badbereich sowie Büro und Nebenräumen.

Neben dem zentralen Atrium wird der Baukörper zusätzlich durch zwei weitere Innenhöfe und ein langes Oberlicht belichtet. Diese Öffnungen bringen das Tageslicht bis auf die darunter liegende Ebene im Untergeschoss. Durch eine große einläufige Treppe, welche entlang des Atriums verläuft, gelangt man zur unteren Ebene. Hier eröffnet sich ein Wellnessbereich mit Sauna, Fitnessbereich und einer Ruhezone, die wiederum um einen großen zweigeschossigen Innenhof angelegt sind. Ein ganz besonderer Raum ist auch die Weinbar unterhalb des Oberlicht-Luftraums. Dieser Bereich wird mit dem indirekten ‚Streiflicht' von Süden aus versorgt. Die Schlaf- und Gästezimmer in dieser Ebene liegen zwischen den beiden Innenhöfen, welche einerseits für Licht und Belüftung der Zimmer zuständig sind, anderseits eine räumliche Erweiterung nach außen hin darstellen. Der Flur ist an den Enden mit Einblicken in die Höfe geöffnet, sodass auch hier der Eindruck erweckt wird, vom Licht geführt zu werden. Kaum zu glauben, dass man sich unterhalb der Erde befindet.

Das Wohnhaus versteht sich als ‚Stadtbaustein' innerhalb des städtischen Kontexts. Um diese Gedanken zusätzlich zu verstärken, wurde das ortstypische Material des Gilsdorfer

oben und unten Der Eingangsbereich als verlängerter Flur, der das Atrium umgibt. Über das Oberlicht wird das Tageslicht über den ausgesparten Schacht ins Untergeschoss geleitet.

Steins für die Fassade verwendet. In der äußeren Fassade zeigt sich das Material roh und unbehandelt, im inneren geschliffen und veredelt. Entstanden ist eine Architektur mit ‚öffentlichen und privaten' Bereichen, Innen- und Außenräumen, Wegen und Plätzen, mit hellen und dunkleren Zonen, ein Haus, welches die Analogie zu dem Bild einer Idealstadt darstellt."

Wer sich als Leser mit dem Grundriss des Erdgeschosses befasst, wird tatsächlich an die Planung der nur selten realisierten Idealstädte mit ihren Ordnungsvorstellungen von inneren und äußeren Zonen erinnert. Genau dieses Prinzip der horizontalen ebenso wie der vertikalen Zonierung schafft hier ein elegantes Raumgefüge im Innern, das durch die subtile Differenzierung der Wandgestaltung noch einmal eine weitere Fassette der Eleganz zeigt, ebenso wie die Großform des Gebäudes mit seiner fast archaisch wirkenden Gebäudehülle als Signum, dass sich hinter dem „Wall" der Umfassungsmauern etwas Geheimnisvolles verbirgt: das elegante Gefüge eines Wohnhauses als Idealstadt.

Projektdaten

Grundstückgröße: 1287 m^2
Wohnfläche: 307 m^2
Nutzfläche: 416 m^2
Umbauter Raum: 1287 m^3
Planungsbeginn: 2010
Baubeginn: 03/2011
Fertigstellung: 2012
Konstruktion Heizung: Erdwärme
Konstruktion Besonderheiten: Betonfertigteile
Heizwärmebedarf: 59,91 kWh/m^{2}a
Primärenergiekennwert für Heizwärmebedarf: 42,53 kWh/m^{2}a

denzer & poensgen architektur + innenarchitektur
Zum Rott 13
53947 Marmagen
www.denzer-poensgen.de

Fotos: Rainer Mader, Schleiden

linke Seite Die großzügige offene Küche mit Blickverbindung zum Atrium – der meditativen Kraftquelle des Hauses.

unten alle Eindrücke aus dem Saunabereich im Untergeschoss – mittig die Treppe, die mit einem Zwischenpodest ins Erdgeschoss führt, rechts der Saunabereich mit der Ruhezone und dem angrenzenden Patio sowie ein kleines Bad links.

oben Der Wohnbereich neben der Küche mit dem Essplatz orientiert sich zum Außenhof.

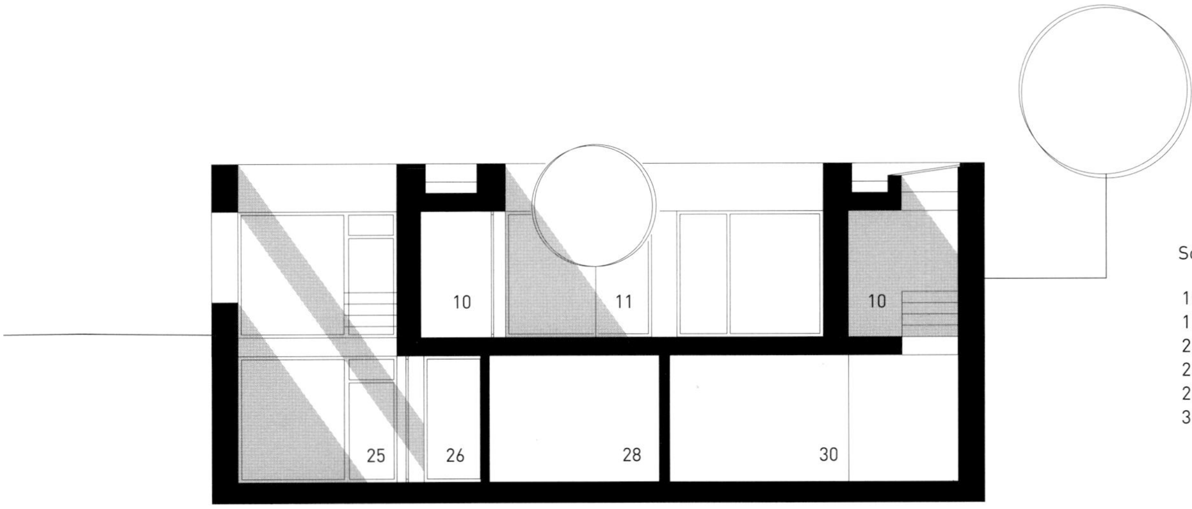

Schnitt 1

10 Flur
11 Zentralhof
25 Lichthof
26 Flur
28 Technik/HA
30 Weinbar

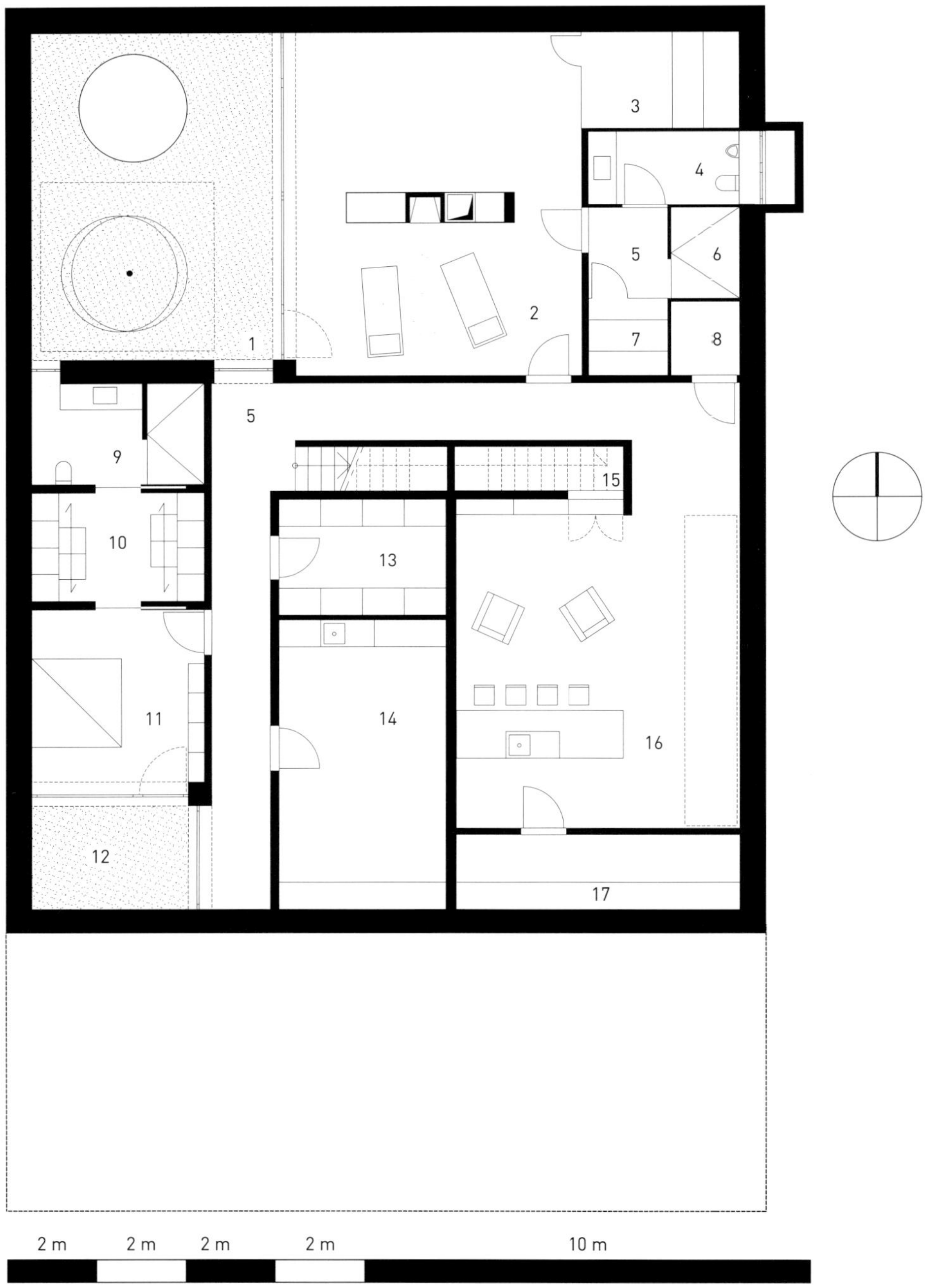

Untergeschoss

1 Wellnesshof
2 Wellness
3 Sauna
4 WC
5 Flur
6 Dusche
7 Sauna
8 Technik Sauna
9 Duschbad
10 Ankleide
11 Schlafen
12 Lichthof
13 Lager
14 Technik/HA
15 Abstellen
16 Weinbar
17 Weinkeller/Lager

Schnitt 2

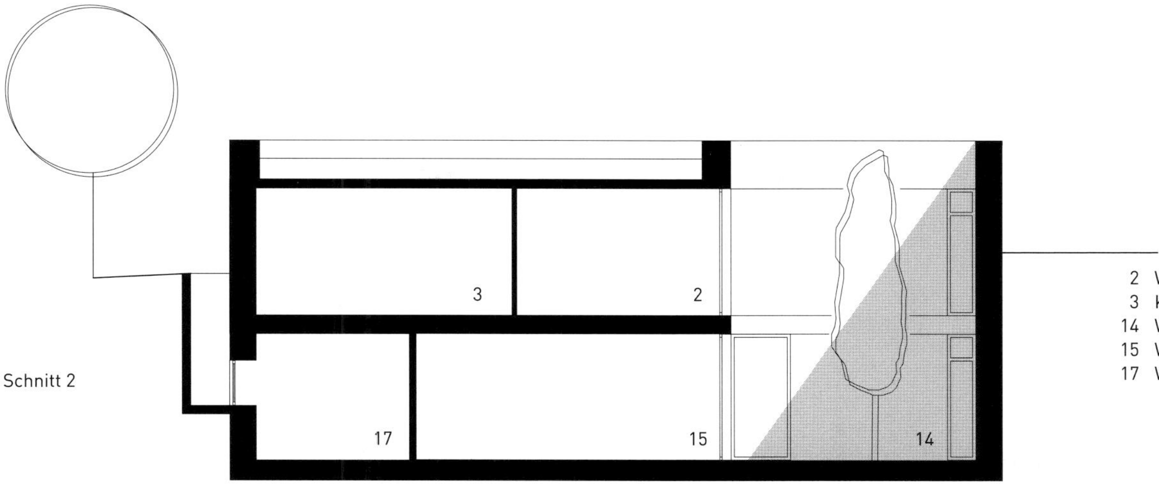

2 Wohnen
3 Küche/Essen
14 Wellnesshof
15 Wellness
17 WC

Erdgeschoss

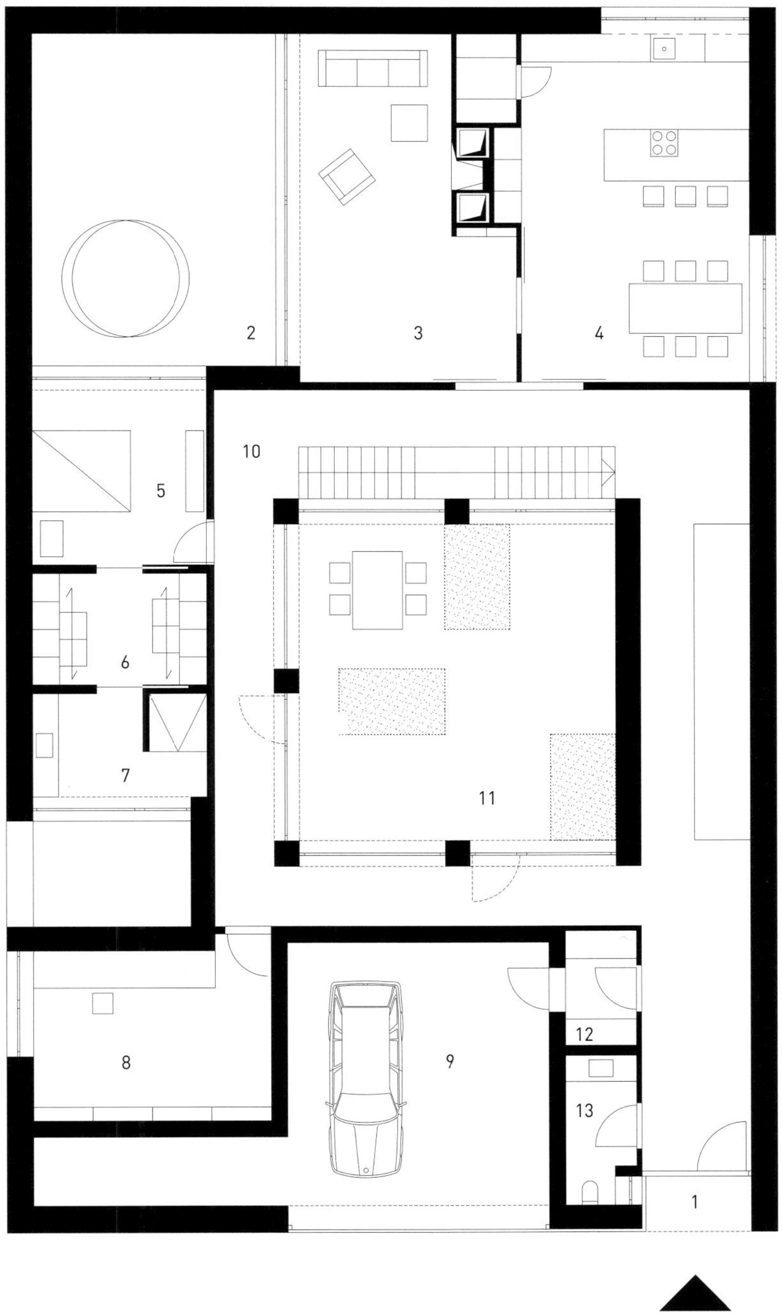

1 Eingang
2 Luftraum
3 Wohnen
4 Küche/Essen
5 Schlafen
6 Ankleide
7 Duschbad
8 Büro
9 Garage
10 Flur
11 Zentralhof
12 Garderobe
13 WC

ELEGANZ – EINE UNVERZICHTBARE ARCHITEKTONISCHE HALTUNG

GEORG DÖRING ARCHITEKTEN, DÜSSELDORF

Leider gibt es meines Wissens keine solide Statistik, wie groß der Anteil der nahezu 140 000 Architekten in diesem Land ist, die für sich selbst einen Neubau entworfen haben. Spötter sagen ja, Architekten lebten am liebsten in den prachtvollen Gründerzeitbauten mit den herrschaftlichen Raumhöhen, dem vielen Stuck an den Decken und vor allem in einem Haus mit Adresse, das vom Eingangsportal über den Treppenaufgang – dekorativer Gebäudesockel – über die Fassadengestaltung und den oft prächtig inszenierten Dachabschluss eine eindeutige biografische Botschaft ausstrahlt – auch wenn diese aus der Zeit um 1880 bis 1910 stammt. Am fehlenden Budget für einen eigenen Neubau kann es nicht liegen, denn auch so ein prächtiger Altbau bedarf oft erheblicher Investitionen, ehe er den Komfortbedarf der Gegenwart erfüllt. Die Gründe sind also anderswo zu suchen: mangelndes Zeitbudget, weil andere Aufträge Vorrang haben, die Frage: Wie stelle ich mich mit einem eigenen Haus dar und bin ich in der konzeptionellen Erfindung innerlich so frei, wie ich es für einen fremden Auftraggeber sein kann? Umso mehr beeindruckt dann einmal ein Haus, das der Architekt für sich und seine Familie konzipiert hat. Warum? Weil es ein architektonisches Bekenntnis darstellt, so gehe ich mit dieser Form zu bauender Privatheit um, dieses stellt die Qualitätsstufe dar, die ich bei mir selbst anlege.

Bau-/Konzeptbeschreibung

„Das am Stadtrand einer Großstadt gelegene Baugrundstück sollte aufgrund seines Ausblicks auf einen großen Park und seiner eigenen Größe möglichst geringflächig bebaut werden.

Auch wenn die Gartenanlage noch im Entstehen ist, so sieht man doch schon, dass Architektur und Garten als Einheit gedacht sind, deren Einzelelemente sich zu einer großen Gesamtform für das Auge fügen werden.

Das errichtete Einfamilienhaus besitzt die sehr einfache Kubatur einer schmalen ‚Schachtel', die sich fast über die gesamte Quer- beziehungsweise Ost-West-Richtung des Südgrundstücks erstreckt. Die zur Straße nach Norden gelegene Hausseite wird seitlich durch eine Sichtbetonmauer und einen separaten Sichtbetongaragenbau eingefasst und artikuliert so einen gepflasterten Hof.

Das Haus selbst bietet Platz für eine vierköpfige Familie. Sämtliche Räume gruppieren sich um eine das Haus stabilisierende, in Sichtbeton gehaltene Wandscheibe, die über alle Geschosse reicht und gleichzeitig auch als Treppenwange fungiert. Ein wichtiger Entwurfsgedanke ist, dass der Kubus im Obergeschoss eine großzügige, in das Gebäude eingezogene Terrasse aufweist, um die sich der Elternzimmertrakt erstreckt.

Das Haus ist so schlicht wie seine Baubeschreibung. Gleichwohl besticht es in großzügigen Proportionen eines jeden Raums. Dieser Umstand war das wichtigste Ziel der Architektur.

Das Haus ist in Massivbauweise mit einem konventionellen Wärmedämmverbundsystem als Fassade errichtet. Der Putz ist graufarben und die teilweise übergroßen Fensteranlagen sind aus dunkelgrauen Aluminiumprofilen konstruiert – allein die übergroße Scheibe der Nordfassade hat ein Gewicht von 900 Kilogramm.

Die Terrassen sind allesamt in weißem Travertin gepflastert. Der Garten ist jeweils hälftig mit einem hellbeigen Kies beziehungsweise Grasflächen versehen.

Innenkonzept

Das Haus bietet grundsätzlich zwei Bereiche. Der eine bietet Raum für die Gemeinschaft, den Austausch, das Miteinander in allen Formen im Erdgeschoss, der andere im Obergeschoss Rückzugsmöglichkeiten, Privatsphären.

Im Erdgeschoss gibt es fast keine Türen. Alle Räume schließen sich fließend aneinander an. Die Funktionen stehen allen Familienmitgliedern zur Verfügung. Gleichwohl gibt es auch Nischen, Möglichkeiten, für sich zu sein.

Im Obergeschoss gibt es Räume mit Türen. Darüber hinaus sind die Kinderzimmer und der Elterntrakt auch durch die eingeschobene Terrasse und durch die gemeinsam zu nutzende Bibliothek auch räumlich voneinander getrennt. Ziel war es, dass somit eine eigene Sphäre der Privatheit tatsächlich auch visuell spürbar und erlebbar stattf ndet.

Das Haus weist also zwei Sphären aus. Diese beiden sind über ein offenes Treppenhaus miteinander verbunden. Es dient nicht nur der Erschließung, sondern auch als Kommunikator.

Dieses Prinzip gilt im Generellen für das gesamte Haus. Sämtliche Bereiche bis auf die Schlafzimmer sind offen miteinander verknüpft und weisen immer mehrere Nutzungen auf. So wird in der Küche nicht nur gekocht, sondern auch gegessen. Im Wohnzimmer wird miteinander gesprochen, Musik gehört, Feuer gemacht, zusammen an großer Tafel gegessen und etwas separiert Fernsehen geschaut

Im Treppenhaus werden nicht nur alle Ebenen des Hauses erschlossen, sondern es dient auch dem Lesen, Studieren und Arbeiten.

Des Weiteren ist das Haus im Erdgeschoss auf sehr großzügige Art und Weise mittels großer Fenster und Hebe-/Schiebetüranlagen mit dem Garten und dem Hof verbunden. Der Garten bietet als Pendant zum Haus auch verschiedene Ebenen, Nischen und Variationen der Natur. Dazu gehören

oben Eines der Kinderzimmer mit der dominanten Übereckverglasung. Der Kindertrakt ist durch das Treppenhaus und das eingeschobene Bad vom Elternbereich akustisch und optisch abgetrennt. Der große Spiel- und Arbeitsflur verbindet beide Bereiche.

linke Seite Die Gartenanlage mit den Cortenstahl-Elementen, die einzelne, ganz unterschiedliche Erlebnisbereiche in der Fläche ebenso wie in der Höhenabstufung schaffen: ein Vorzeigebeispiel kultivierter Gartenkunst.

unten Die Perspektive aus dem Elternschlafzimmer in den oberen Terrassenbereich – dieser private Teil des Hauses ist gegen Einblicke geschützt und bietet eine enorme Lebensqualität.

sowohl ein Kräutergarten, in welchem Salat und Tomaten gezogen werden, und einige Obstbäume sowie eine englische Rasenflächen mit Rosen und Staudengewächsen.

Außenanlagen

Der wichtigste Ansatz für das Konzept des Hauses war das Grundstück selbst. Es ist nach Süden ausgerichtet, weist eine leichte Hanglage auf und hat einen freien Blick auf einen wunderschönen Park in eben jene Himmelsrichtung. Wegen diesem absolut einzigartigen Grundstücks, zudem in einer Großstadt gelegen, bestand die Hauptaufgabe darin, so viel Garten wie möglich und so viel Haus wie nötig zu generieren. In diesem Sinne weist das Haus vier hintereinander aufgereihte Zonen auf:

Als Erstes der urbane Eingangsbereich mit einem gepflasterten Hof, der Garage und von Sichtbetonmauern eingefasst, als Zweites das Haus selbst, das fast die gesamt Grundstücksbreite einnimmt, als Drittes der Englische Kulturgarten and als Viertes und Letztes die das Grundstück nach unten abschließende Obstwiese mit einem Kräutergarten. Die Separierung der Gartenteile wird durch eine gebogene Cortenstahlwand mit eingefügten Treppenanlagen gewährleistet."

Hier ist den Architekten ein Projekt gelungen, das nicht auf Eleganz als Primärbotschaft setzt, sondern auf eine Erlebniseleganz überall im Haus selbst, in den Raumfolgen, den Materialien und ihrer Fügung sowie auf eine zurückgenommen inszenierte Aura der Gesamtplanung des Grundstücks. Jede Ebene – funktional, ikonologisch und formal – gibt dem Auge Halt, lässt es über die Gartenarchitektur wandern, um dann schließlich den Gesamteindruck an dem elegant ausgeformten Baukörper festzumachen. Dabei entsteht im Kopf die Inszenierung eines Lebenskonzepts für dieses Haus, in dem der Anspruch nach ganzheitlicher Eleganz perfekt eingelöst wurde – als Summenspiel einer zeitgenössischen architektonischen Könnerschaft.

Der wahrlich großzügig angelegte Wohn- und Essbereich. Rechts von dem Esstisch liegt die Küche, die sich mit einer Schiebetür gegen Einblick und Gerüche verschließen lässt.

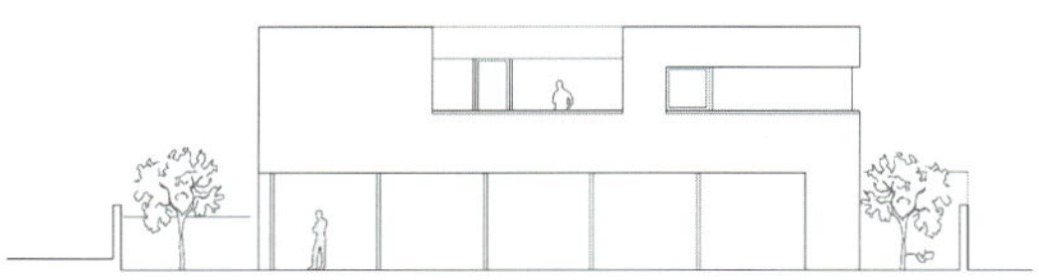

Ansicht Süd

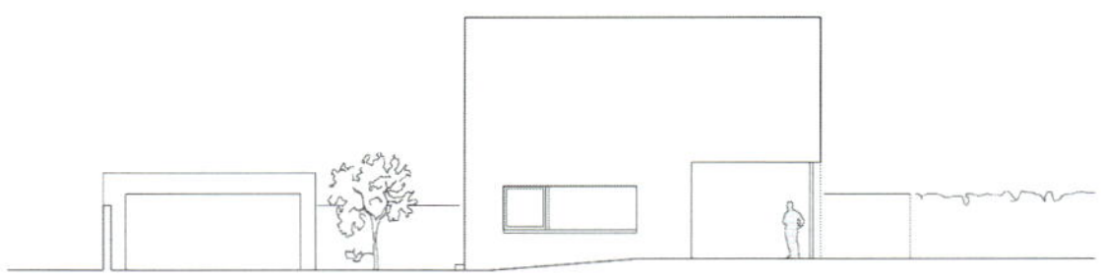

Ansicht West

linke Seite oben links Der lange Flur im Erdgeschoss mit dem Eingang vermittelt einen ersten Eindruck von der Großzügigkeit des Hauses.

linke Seite oben rechts Der Flur im Obergeschoss mit direktem Licht von oben auf die Bibliothek und den dortigen Arbeitsplatz.

linke Seite unten links Noch einmal die Eingangssituation mit Blick in den eingefassten Vordergarten.

linke Seite unten rechts Das Elternbad mit der Badewanne, die auf die obere Terrasse ausgerichtet ist. Die Schiebetüren erlauben somit auch ein Baden gleichsam im Freien – ein wunderbares Lebensgefühl.

oben Das Speisezimmmer mit direkter Verbindung über die Schiebetüren zum Garten. Im Hintergrund und mit angemessenem Abstand weitet sich der Wohntrakt aus. Vorn links ist der Zugang zur Küche.

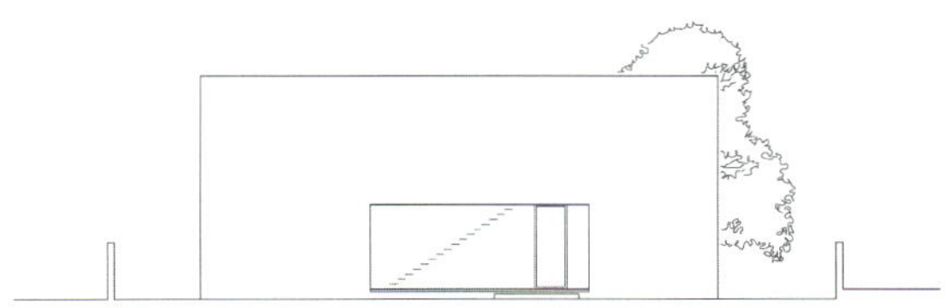

Ansicht Nord

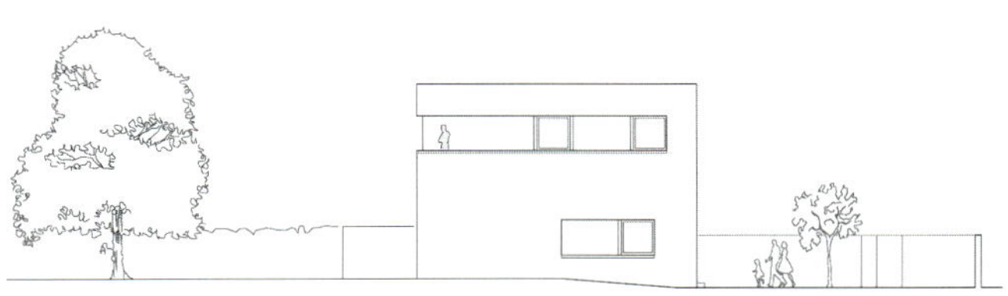

Ansicht Ost

Projektdaten

Grundstückgröße: 1370 m²
Wohnfläche: 293 m²
Nutzfläche: 153 m²
Umbauter Raum: 1952 m³
Planungsbeginn: Januar 2010
Baubeginn: Juli 2010
Fertigstellung: Juli 2011
Konstruktion Besonderheiten: Massivbau
Heizwärmebedarf: 76 kWh/m²a
Primärenergiebedarf: 96 kWh/m²a

Georg Döring Architekten BDA
40219 Düsseldorf
Benzenbergstraße 43
www.doering-architekten.de

Fotos: Michael Reisch, Wuppertal

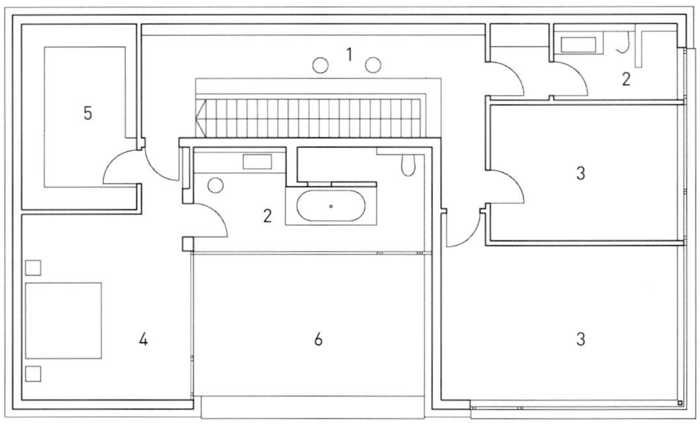

1 Bibliothek
2 Bad
3 Kind
4 Eltern
5 Ankleide
6 Terrasse

Obergeschoss

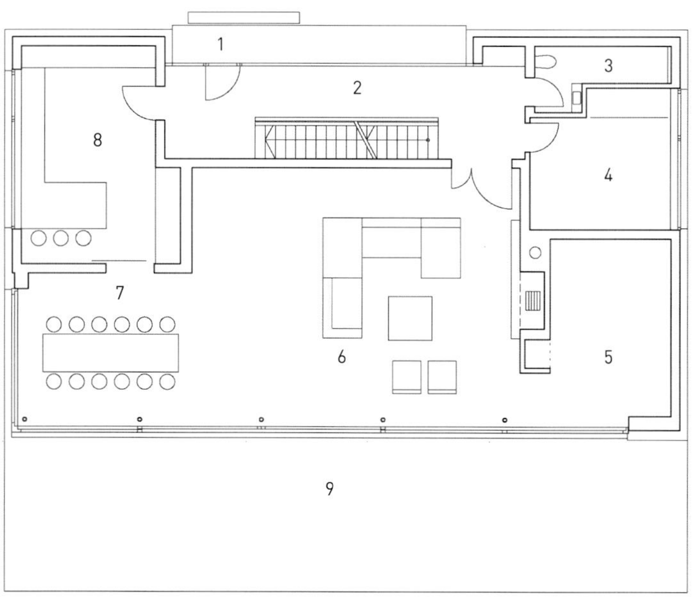

1 Eingang
2 Halle/Garderobe
3 WC
4 Musik
5 Medien
6 Wohnen
7 Essen
8 Küche
9 Terrasse

Erdgeschoss

Eine wahrlich spektakuläre Eingangssituation: die Großform des Gebäudes wirkt spannungsvoll als Skulptur, während der eingeschnittene Eingangsbereich eine starke künstlerische Form ergibt: was für ein Spannungsgefüge zwischen Eingangstür und seitlichen Glasflächen – eine perfekte Komposition sowohl in der Fläche als auch in der Tiefe des Raums mit dem Geländer und den Treppenstufen – einfach gekonnt!

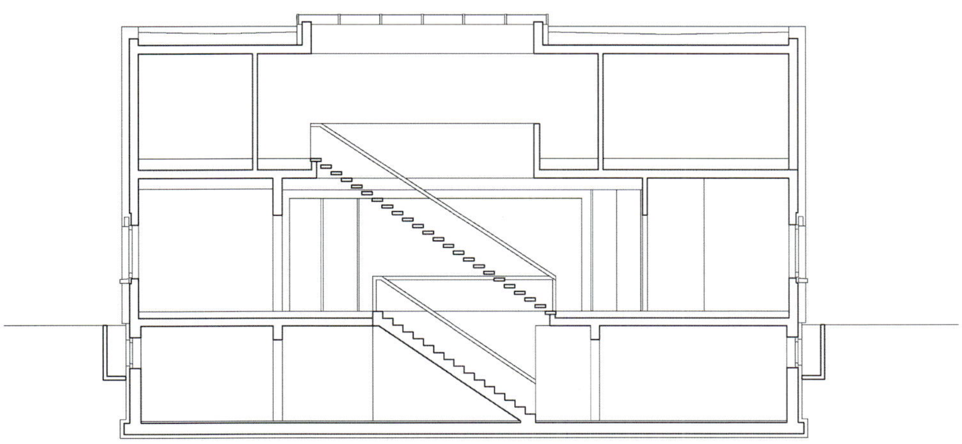

Längsschnitt

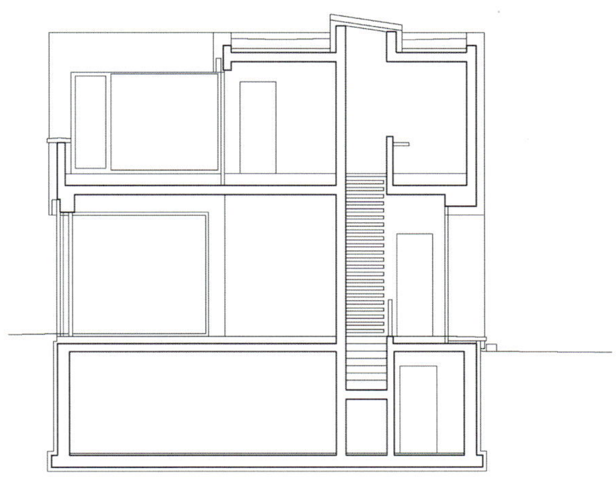

Querschnitt

PRÄGNANTE ELEGANZ ALS LEBENSBÜHNE

THOMAS FABRINSKY, KARLSRUHE

Auf der einen Seite hat der Architekt die Rolle des Dienstleisters zu erfüllen – er soll die Vorstellungen und Wünsche der Auftraggeber umsetzen. Auf der anderen aber ist das nur die funktionserfüllende Basisarbeit, in der so viele Architekten ihren Auftrag schon als erledigt ansehen. Wirkliche Architektur dagegen beginnt doch gerade erst dann zu wirken, wenn die Funktionen eines Gebäudes ganz selbstverständlich in Grundriss und Aufriss erfüllt sind und die künstlerische Überhöhung einsetzt, die Formgebung, das Gebäude als unverwechselbares Unikat, wenn nicht gar als autonomes Kunstwerk und einer Ausstrahlung – wenn denn gewünscht – die wir mit dem Begriff Eleganz beschreiben. Architekten sehen ihre Bauten oft anders als der fremde Betrachter, umso wichtiger ist die Gegenüberstellung eines Textes, den der Architekt über sein Werk verfasst hat, und der Erprobung durch den Betrachter:

„In einer Villensiedlung gelegen, erstreckt sich das dreigeschossige Wohnhaus über ein nach Nordwest abfallendes Hanggrundstück. Der gestaffelte Baukörper mit Flachdach beinhaltet neben den Wohnräumen für eine vierköpfige Familie auch eine Einliegerwohnung sowie eine großzügige Garage. Auf dem Gelände trennt eine geschosshohe, den Geländelinien folgende Stützmauer aus schwarz pigmentiertem Sichtbeton das untere Straßenniveau vom oberen Gartenniveau. Der Baukörper staffelt sich über die Stützmauer hinweg den Hang hinauf. Die umlaufende Verglasung des Wohngeschosses lässt den Baukörper leicht und schwebend wirken, wobei sich der weiße Kubus wiederum hinter dem grünen Hintergrund scharf geschnitten und klar abzeichnet. Das Gebaute steht selbstbewusst, aber nicht aufdringlich in der Natur. Der Gebäudekomplex wird von der

Man spürt auf den ersten Blick die kundige Hand des Architekten. Das Haus erinnert an die eleganten Beispiele früher amerikanischer Villenarchitektur und löst diesen formalen Anspruch perfekt ein.

Straße aus über einen großzügigen Eingangshof erschlossen. Über das weiträumige Foyer, das Durchblicke in den rückseitigen Garten gewährt, wird der Besucher über die skulpturale Innentreppe nach oben in den Wohnbereich geleitet. Der über drei Geschosse reichende offene Luftraum bietet eine Vielzahl von Blickbeziehungen innerhalb des Hauses, wobei die schmale Dachverglasung ein angenehmes Streiflicht über die angrenzenden Wandflächen erzeugt – das quadratische Fenster im Obergeschoss ermöglicht einen gerahmten Blick auf den gegenüberliegenden Weinberg.

Die Atmosphäre im Wohngeschoss ist stark durch die raumhohen Verglasungen und den daraus entstehenden Bezug zum Garten geprägt. Die eingebauten vierläufigen Skyframe-Schiebefenster ermöglichen es, den Wohnraum maximal zur Terrasse und zum Pool hin zu öffnen, die Innenwelt lässt sich auf Wunsch zur Außenwelt erweitern.

Die Bereiche Kochen, Essen, Wohnen und Arbeiten auf der Ebene 1 bilden ein Raumkontinuum, das aber den Funktionen gemäß auch über Schiebetüren jeweils abgetrennt werden kann. Ein offener Kamin bildet den Raumteiler zwischen Wohnbereich und Wohnküche. Die Wand zwischen Wohnen und Arbeiten ist nicht raumhoch, sodass die Decke optisch durchläuft und sich der Raumeindruck vergrößert. Unterstrichen wird die Großzügigkeit der Wohnebene durch die Wahl des dezenten, in allen Räumen und auf der Treppe durchgehenden, großformatigen keramischen Bodenbelags.

Der Sauna ist ein Ruheraum vorgelagert, der den direkten Bezug zu Terrasse und Pool hat. Das aus Weißbeton hergestellte Becken mit umlaufendem Überflutungsrand ist exakt in den Terrassenbelag eingelassen, sodass Wasseroberkante und Belag ein Niveau bilden. Bei ruhiger Wasseroberfläche wirkt diese wie ein auf dem Boden liegender Spiegel.

unten Grundriss und Lageplan verdeutlichen die raffinierte Gebäudeanlage – im unteren Innenhof befinden sich der Eingang und die beiden Garagen. die geschwungene Treppe dagegen erschließt das Wohngeschoss und die Poolebene.

rechte Seite Den Eltern- und den Kindertrakt fasst ein großzügiges Holzdeck in Ausrichtung nach Süden und Südosten ein.

Reflektierende Sonnenstrahlen tanzen an der Decke über dem Esstisch durch die im Wind sich leicht bewegenden Gardinen.

Im obersten Geschoss befinden sich die Schlafräume und Bäder der Familie. Die Bereiche bieten Rückzugsmöglichkeiten, hier wurde viel Wert auf Privatheit und Ruhe gelegt. Die Schlafräume der Eltern und Kinder liegen räumlich getrennt voneinander, jeder Raum hat eine eigene Loggia. Zudem haben Eltern und Kinder jeweils eigene, individuell entworfene Bäder. Auch hier wurde großer Wert auf Lichtführung und gezielte Ausblicke gelegt – die Bäder haben jeweils einen direkten Zugang zu den Loggien.

Das gesamte Wohnhaus ist mit einer intelligenten Gebäude-Technik ausgestattet. So ist unter anderem die Lichtsteuerung der Innen- und Außenraumbeleuchtung individuell auf die Bewohner abgestimmt und ermöglicht je nach Anlass, das Gebäude mit unterschiedlichen Lichtszenen zu beleben und die Beleuchtung energieoptimiert zu betreiben, ein Entwurfsprinzip, das für alle Bereiche des Hauses gilt: Das Schwimmbad wird über eine Solaranlage auf dem Dach beheizt, eine hocheffiziente Erdwärmepumpe mit Erdsonden versorgt das Gebäude mit der notwendigen Heizenergie ohne die Verwendung fossiler Brennstoffe. Eine kontrollierte Wohnraumlüftung mit Erdvorwärmung und Wärmerückgewinnung sorgt für das erwünschte behagliche Raumklima in dem sehr effizient wärmegedämmten Baukörper."

Alle vom Architekten genannten Entwurfsparameter lassen sich mühelos nachvollziehen, umso angenehmer ist es für den Betrachter, das Gebäude nach der Textlektüre dann auch als Architektur auf sich wirken zu lassen, deren komplexe baukünstlerische Qualität von der Großform bis ins Detail ohne Einschränkung ganz selbstverständlich das Prädikat elegant verdient.

unten Das Masterbad im 1. Obergeschoss. Rechts von der Wanne – im Vordergrund – befindet sich der Ausgang zur Loggia.

rechte Seite Die offene Küche mit dem Kamin im Hintergrund, der den Wohnbereich abgrenzt.

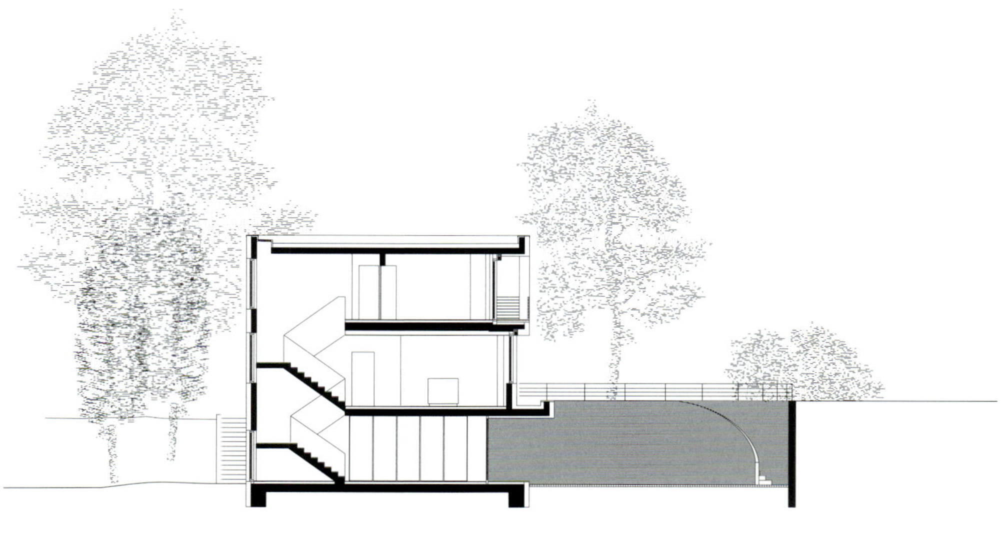

Schnitt

Projektdaten

Grundstückgröße: 1862 m^2
Wohnfläche: 399 m^2
Nutzfläche: 112 m^2
umbauter Raum: 2293 m^3
Planungsbeginn: Juni 2009
Baubeginn: Dezember 2009
Fertigstellung: Februar 2011
Konstruktion Heizung: Erdwärmepumpe mit Erdsonden
Konstruktion Besonderheiten: Sichtbetonpool
Heizwärmebedarf:19,5 kWh/m^2a
Primärenergiebedarf: 34 kWh/m^2a

Thomas Fabrinsky
Freier Architekt BDA
Hirschstraße 89
76137 Karlsruhe
www.fabrinsky.com

Fotos: Clemens Ortmeyer, Gütersloh

Zwei Eindrücke aus dem Treppenhaus: Wie mit dem Messer geschnitten wirken die Details und die perfekte Ausführung. Hinzu kommt der inszenierte Blick in die umgebende Natur. Diese Architektur ist nicht nur formal eine Freude, sie ist auch intellektuell bestechend – und damit im besten Sinne vorbildlich als Qualitätsstandard.

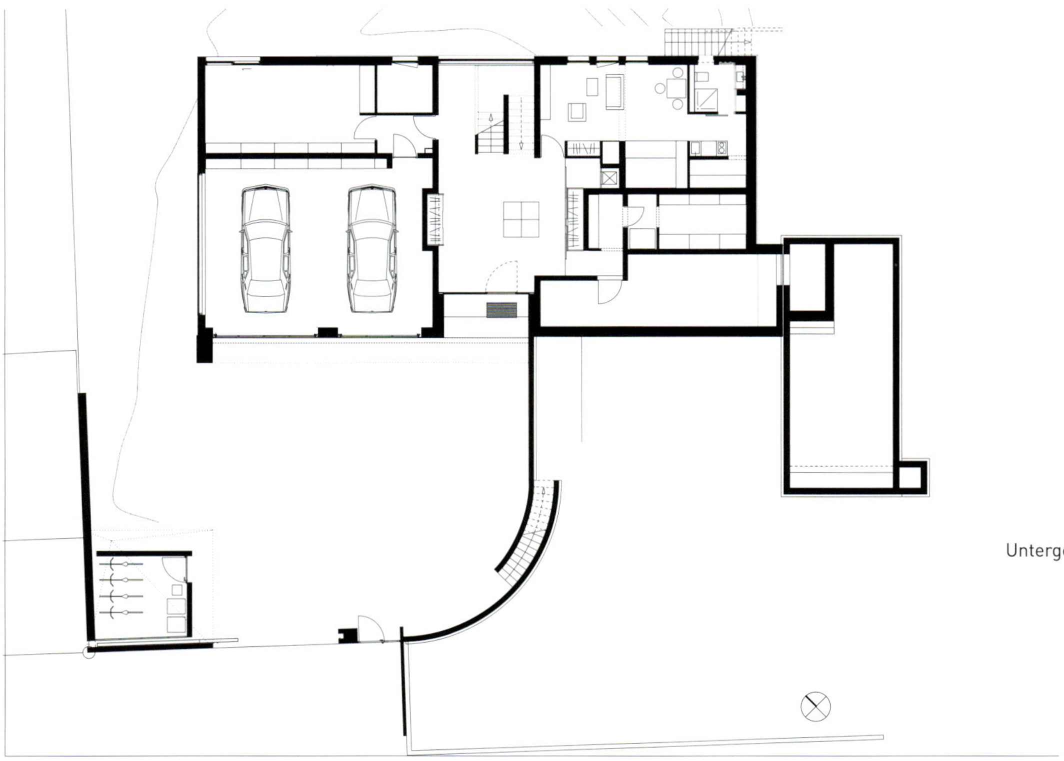

Untergeschoss

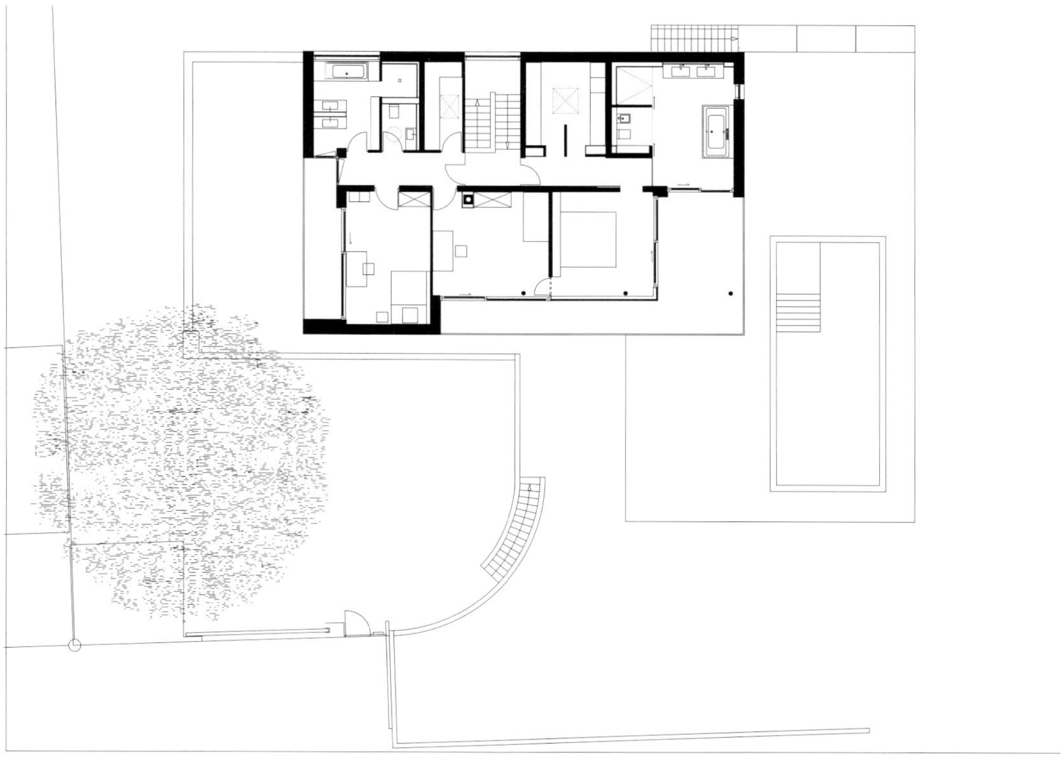

Obergeschoss

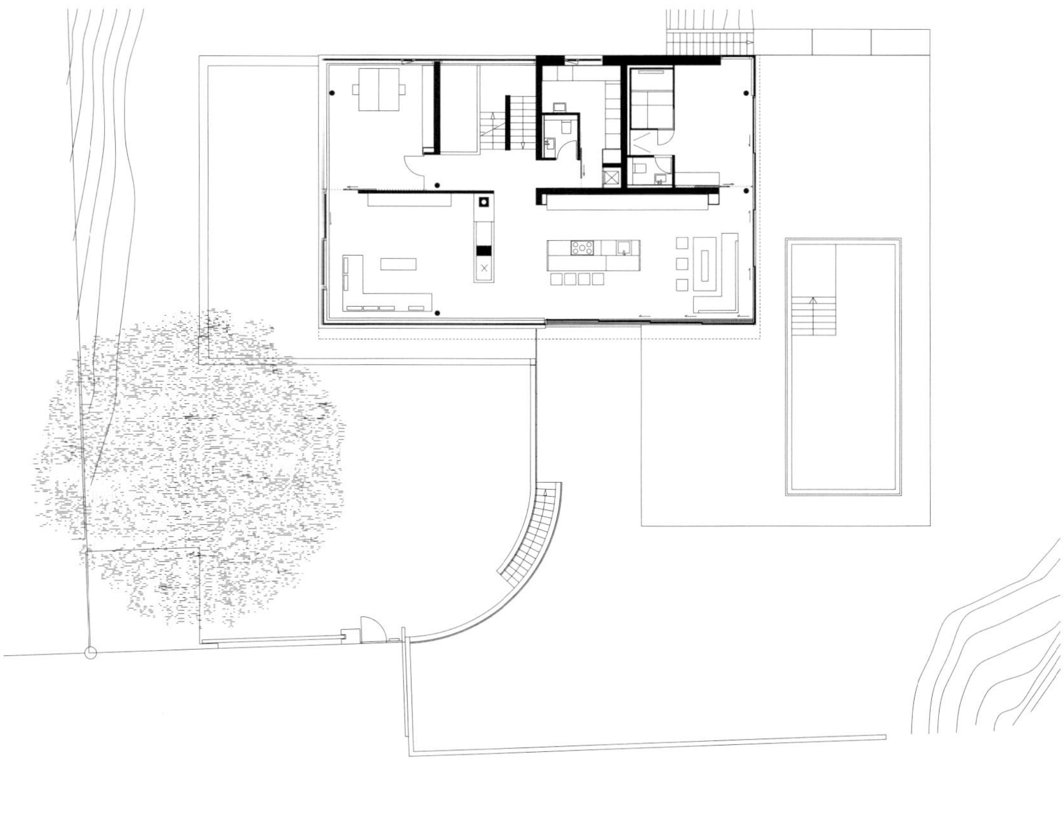

Erdgeschoss

ELEGANTES ZUSAMMENSPIEL AUS ARCHITEKTUR UND GARTENKUNST

FUCHS, WACKER ARCHITEKTEN, STUTTGART

Es wird immer wieder unterschätzt, wie groß der Arbeitsanteil der Bauherrschaft an der Realisierung eines Villenprojekts ist. Bauen ist von der ersten Begegnung zwischen Auftraggebern und Architekt zuerst einmal ein Kommunikationsgeschehen unter großer Anspannung: auf der einen Seiten die Erwartungen an das eigene Projekt und auf der anderen die seismografische Haltung der Architekten, die mit den Instrumenten Wort und Skizze möglichst treffsicher den Eindruck vermitteln, dass sich die vielen Ebenen der Ansprüche irgendwann in genau der Hülle realisiert finden, die die Architekten nach und nach Gestalt werden lassen. Architektur überzeugt immer dann mit großer Qualität, wenn das fertige Projekt in dem Sinne Haltung zeigt, dass es als gebautes Volumen eine ebenso faszinierende Ausstrahlung hat wie in jedem Detail, auch – ganz wichtig und nur zu oft vernachlässigt – in der Gartenarchitektur. Die Außenflächen sind ja die korrespondierenden Antworten auf die Architektur, horizontal und vertikal.

Projektbeschreibung der Architekten

„Lage und Entwurf Die viergeschossige Villa im Berliner Stadtteil Grunewald liegt auf einem Eckgrundstück, dominant skulptural umgeben von hohen Waldkiefern.

Die verschiedenen Nutzungsbereiche des Hauses sind geschossweise gegliedert. Als verbindendes Element fungiert die hohe Eingangshalle – die Glasfassade reicht über drei Geschosse mit einer Vielzahl von Blickbezügen in den begrünten Lichthof. Diese Hülle wurde in einzelne, geschosshohe Wandscheiben aufgelöst. Um dieses Entwurfsprinzip der ‚hängenden' Flächen in besonderer Weise innenräumlich erlebbar zu machen, wurden jeweils zwi-

Die Südwest-Seite des Anwesens, dessen Garten durch Mauern zu einer eigenen Architekturwelt zusammengefasst wird – die Vertikalität des Gebäudes findet ihre Entsprechung in der kunstvollen Gartenanlage.

linke Seite Vom Wohn-/Esstrakt hat man einen fantastischen Blick auf den Schwimmteich, in dem sich majestätisch die viergeschossige Architektur widerspiegelt.

unten Die Nordseite des Hauses mit dem naturbelassenen Gartenteil, der durch den alten Baumbestand besticht. Hinter dem ersten Mauervorsprung befindet sich der Hauseingang.

schen Wand und Decke Schattenfugen eingelassen, die die spielerische Leichtigkeit der unterschiedlichen Wandscheiben zu einem besonderen Erlebnis der Proportionen in Raum und Fläche machen.

Innen- und Außenbezüge Abgewinkelt zur großzügigen Eingangshalle bilden Wohnraum, Speisezimmer und Küchentrakt eine differenziert gegliederte Raumfolge. Die geschosshohen Filigranverglasungen mit integrierten Schiebetüren verbinden diese mit der Terrasse, vor der sich der mit einem Holzdeck eingefasste Naturteich als zusätzliches Erlebnis darstellt, wobei die Spiegelung der umgebenden Bepflanzung die dritte Dimension in der Wahrnehmung darstellt. So ist der Außenraum im Sinne eines Erlebnisensembles ein wichtiges Entwurfselement, nicht nur auf der Gartenebene, sondern auch in den oberen Geschossen, die jeweils über raumbezogene Balkone mit Blick in den Garten verfügen.

Die Raumaufteilung Im 1. Obergeschoss befinden sich die zwei Masterzimmer mit gemeinsam genutzter Ankleide und Bad sowie ein Arbeitszimmer. Darüber, im 2. Obergeschoss, sind die zwei Kinderzimmer sowie das Gästezimmer einge-

richtet, jeweils mit eigenem Bad. Den Abschluss bildet das Dachgeschoss mit einem Atelier und umfangreichem Fitness- und Wellnessbereich. Die sonnige Dachterrasse lädt zum Verweilen ein.

Die Materialien Neben dem weißen WDVS (Wärmedämmverbundsystem) wurde bei der Fassade und den Gartenmauern mit zwei unterschiedlichen Natursteinen gearbeitet. Zum einen wurde ein ‚Pietra Piesentina' mit geschliffener Oberfläche verwendet. Dieser wird mit ‚San Sebastian'-Naturstein kombiniert, der auch als Boden verlegt wurde. In den Schlafzimmern sorgt Eichenparkett für die gewünschte Behaglichkeit."

Der Lackmustest eines Architekturprojekts ist stets das Maß seiner intellektuellen ebenso wie seiner formalen Qualität – auf allen gebauten Ebenen, dem Volumen und ebenso wie im Umgang mit der Gartenarchitektur. Hier wurde ein solcher Zusammenklang geschaffen – eine Architektur gewordene Biografie der Auftraggeberwünsche. Weniger sollte niemand von einem individuell vergebenen Architektenauftrag erwarten – ja, es gibt sie, die guten Architekten, die immer wieder bereit sind, Verantwortung für die Baukunst zu übernehmen und das Unikat zu bauen.

links oben Es gibt sie noch, die Architekten, die in der Lage sind, ihre Entwurfsideen zuerst einmal durch eine Freihandzeichnung zu illustrieren – gekonnt!

links Hohe Kiefern flankieren den Eingang. Im Vordergrund die Garage mit beiden Stellplätzen.

rechte Seite beide Gartenarchitektur, wie sie schöner kaum angelegt werden kann. Unten die Fortsetzung des angelegten Gartens nach Westen mit den inszeniert angelegten Inseln, deren unterschiedliche Höhen und Größen zum Verweilen ebenso wie zum meditierenden Betrachten einladen.

links, unten links und unten Das Treppenhaus auf der ersten Geschossebene mit der Galerie, die an dem Luftraum über dem Erdgeschoss in den privaten Bereich des Hauses mit den Schlafzimmern führt. Unten: Der inszenierte Treppenantritt im Erdgeschoss als schöne einladende Geste – wahlweise aber gibt es auch noch einen Lift. Bei insgesamt fünf Geschossen eine sinnvolle Investition.

oben Der geräumige Wohntrakt mit dem bodengleichen Ausgang zur Terrasse und dem Schwimmteich.

links Innerhalb der weißen Welt der Innenarchitektur findet das Tang-Pferd im Erdgeschoss die perfekte Beachtung.

ganz links Der große Kaminblock , der von beiden Seiten genutzt werden kann, schirmt den Wohntrakt vom Ess- und Küchenbereich ab – eine eigene Welt großer innenarchitektonischer Qualität mit der optischen Erweiterung über die Terrasse zum Schwimmteich.

oben und unten beide Der dominante Kaminblock als Blickfang im Speisezimmer. Im Vordergrund unten der offene Küchenbereich mit der Sitzbank für den kleinen Imbiss oder auch nur, um als Zuschauer das Kochgeschehen verfolgen zu können.

oben Die Terrasse mit dem zweiten Esstisch links im Freien – mit kurzem Weg zur Küche.

unten beide Links die Kücheninsel mit der eingebauten Sitzbank und rechts davor der elegante Esstisch, der auch für größere Gästerunden ausgelegt ist.

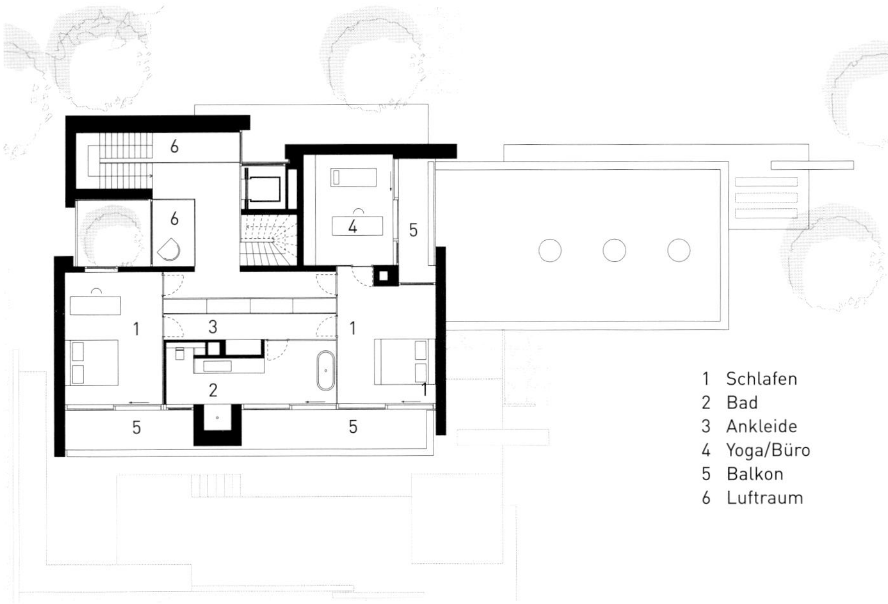

1 Schlafen
2 Bad
3 Ankleide
4 Yoga/Büro
5 Balkon
6 Luftraum

1. Obergeschoss

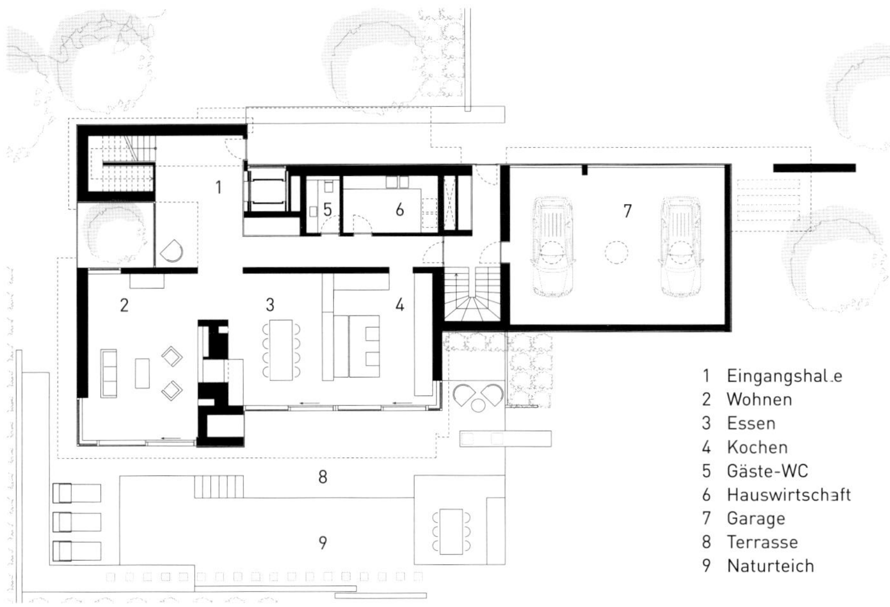

1 Eingangshal.e
2 Wohnen
3 Essen
4 Kochen
5 Gäste-WC
6 Hauswirtschaft
7 Garage
8 Terrasse
9 Naturteich

Erdgeschoss

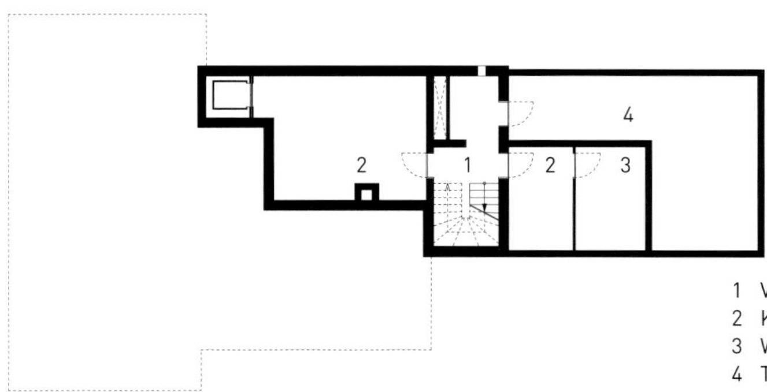

Untergeschoss

1 Vorraum
2 Keller
3 Weinkeller
4 Technik

Dachgeschoss

1 Diele
2 Wellness
3 Sauna
4 Dampfbad
5 Fitness
6 Atelier
7 Dachterrasse
8 WC

2. Obergeschoss

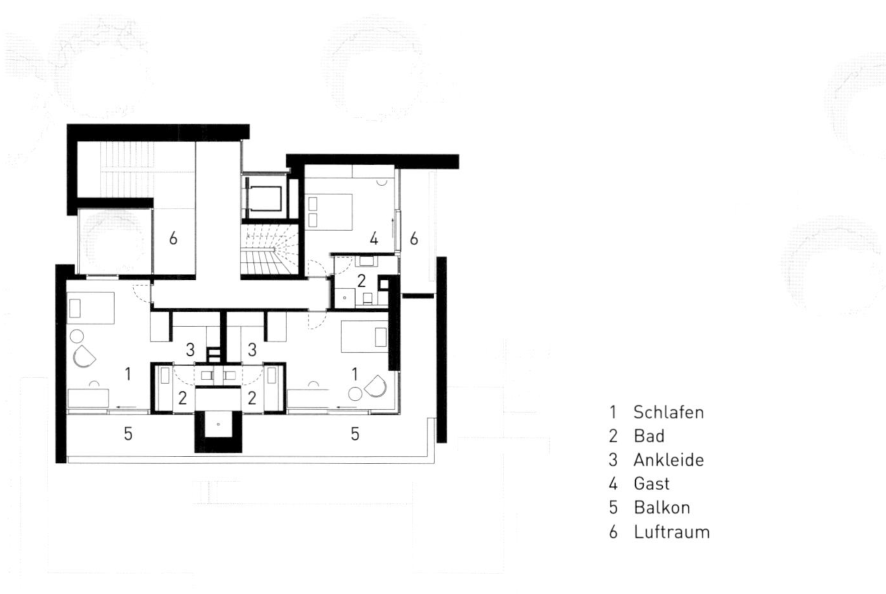

1 Schlafen
2 Bad
3 Ankleide
4 Gast
5 Balkon
6 Luftraum

Projektdaten

Grundstücksgröße: 1750 m²
Wohnfläche: 700 m²
Nettonutzfläche: 550 m²
Fertigstellung: April 2012
Anzahl der Bewohner: 4

Fuchs, Wacker
Architekten BDA
Am Westkai 9a
70327 Stuttgart
www.fuchswacker.de

Fotos: Brigida Gonzales, Stuttgart

DIE ELEGANZ DER PRÄZISION ALS GESTISCHES PENDANT

GATERMANN + SCHOSSIG, KÖLN

Das Pendant meint in der Kunst das passende Gegenstück, besser: das antwortende Gegenstück, welches auf ein zweites Kunstwerk gestisch reagiert. Das von einer Betonschale überwölbte Gebäude von Peter Neufert ist als dominante Großform ebenso wie im Detail – die Fassade! – und der Gartenarchitektur ein Gesamtkunstwerk – kühn, streng, fremd und doch beispielhaft schlüssig. Zu diesem Bauwerk galt es ein Pendant zu entwickeln – wahrlich keine leichte Aufgabe.

Erläuterungsbericht

„Gatermann + Schossig wurde von Frau Neufert beauftragt, neben dem denkmalgeschützen Haus X1, das Peter Neufert 1959 erbaute, ein barrierefreies Wohnhaus mit zuschaltbarer Einliegerwohnung zu konzipieren. Der Entwurfsansatz sieht eine Überbauung der vorhandenen Fläche des alten Tennisplatzes mit einem eingeschossigen Kubus vor, aus dem zwei Massen herausgeschnitten, hochgehoben und aufs Dach gedreht werden. Hierdurch entstehen auf der ebenen Grundfläche zwei hohe Räume, die großzügige Ausblicke in den Park ermöglichen und von mehreren Seiten Sonne ins Innere des Hauses holen. Um sich zur Straße schall- und energietechnisch zu schützen, sind im Nordwesten dienende Räume angeordnet. Diesem Ansatz entspricht die geschlossene Ausbildung der Nordfassade. Die sich in großen Teilen zum Garten und Bestandsgebäude öffnende, verglaste Südseite wird durch die beiden herausgeschnittenen Baumassen gebildet, denen die Terrassen vorgelagert sind. Die homogene Metallfassade schafft einen eigenständigen, zurückhaltenden Kontrast zum farbigen

Eine hoch interessante, aber auch wahrlich gefährliche Aufgabe für die Architekten – ein Pendant zu dem berühmten Haus von Peter Neufert zu bauen. Es ist nicht nur gelungen, es ist einfach überzeugend in seiner feinsinnigen Andersartigkeit – und damit ist es auch ein Kunstwerk.

X1-Haus. Durch die bündig eingelassenen Fensterbänder entsteht eine ruhige Gesamtkomposition. Der Innenraum ist lichtdurchflutet und schafft mit den ineinanderfließenden Räumen eine Vielzahl an Durch- und Ausblicken in die Natur. Trotz Reduzierung der Flächen auf die nutzungsbedingten Größen entsteht eine räumliche Großzügigkeit. Die vielfältigen Sichtverbindungen sowie die sich verändernden tages- und jahreszeitlichen Sonnen- und Lichtverhältnisse schaffen ein sich ständig wandelndes, spannungsvolles Raumerlebnis. Das abgestimmte Energiekonzept mit Betonkernaktivierung, Luft-Wasser-Wärmepumpe und kontrollierter Wohnraumlüftung führt zum Niedrigenergiehaus. Reduzierte Details mit weißen Wänden auf gegossenem kupferrotem Boden schaffen hohe Wohnqualität und Raum für die Kunstsammlung der Bauherrin."

In die Bauzeit dieses Haus fallen die Überlegungen und Schriften Josef Albers mit der Huldigung an das Quadrat – und lässt der hohe Mittelbau des Neubaus nicht eine solche Assoziation zu, nicht nur an Albers, sondern an die hohe Zeit der Abstraktion, die auch auf Mondrians Einfluss zurückgeht? Wie anders als mit einer präzisen Abstraktion hätten die Architekten auf die starke Form von Neufert reagieren sollen? Auf die kühne Tonnenform antworten sie mit einer Komposition aus Flächen – Fassadenelemente – und Kuben, die in der gestischen Wirkung der dominanten Rundung von Neufert als Summe gegenüberstehen. Vergleicht man die Massen beider Baukörper, so scheinen sie vom selben Gewicht zu sein – nicht im direkten Sinne, aber in der Gewichtung der architektonischen Sprache, die auch hier – wie bei Neufert – ihre künstlerische Fortsetzung in der Gartenarchitektur erfährt. Entstanden ist ein Ensemble von überragender baukünstlerischer Qualität – welche Eleganz!

rechte Seite oben Im Hintergrund zeigt sich die Betonschale des Neufertbaus. Natürlich kann man da in den großen parkartigen Garten nicht einfach ein Haus hineinstellen – es bedarf der Addition einer kunstvollen, aber nicht zu dominanten Kunstform im Park – so wie diese Corten-Stahlscheiben, die dort stehen, als wollten sie zum Innehalten mahnen.

rechte Seite unten Der ikonengleichen Form des Neufertschen Hauses antwortet eine Architektur, die nicht konkurrieren will, aber sie zeigt eine ebensolche Kraft in der Ausstrahlung, weil sie kubisches Kunstwerk und feingliedriges Fassadenbild in sich vereint, das zwar Assoziationen aufkommen lässt, derer aber in keiner Weise bedarf.

unten links Der Eingang zur Wohneinheit 1 – auf das präzise grafische Geflecht der formal minimalistischen Fassade trifft der Eintretende auf das Informel an der Eingangstür – ja, hier dominiert überall das große Gespür für die Kunst.

Seite 86/87 Wo die Neufert-Ikone mit der gekrümmtem Betonschale baugeschichtlich auftrumpft, setzt der Neubau der Architekten auf eine partielle Auffaltung in die Höhe – ein perfekt-sensibles Kontrastprogramm auch im Umgang mit Raum und Licht – faszinierend!

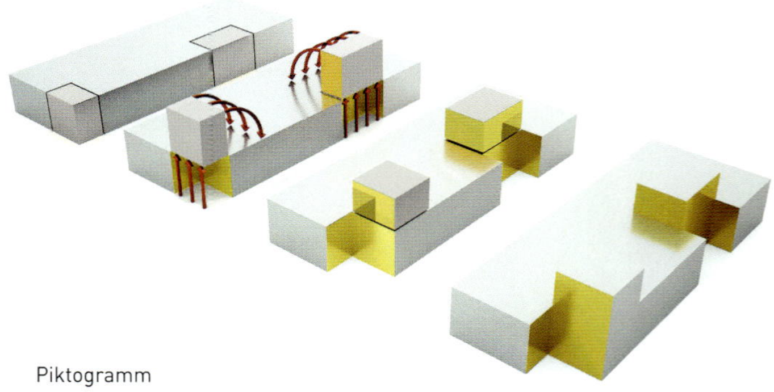

Piktogramm

links und links unten Betrachtet man die Lichtkuppeln, die Lichtöffnungen und den direkten Bezug zum Tageslicht, dann geht es bei diesen Architekturelementen immer auch um Kunst – den Bildausschnitt, die Proportion, das Licht, und so wird hier jeder Raum und jedes Raumgefüge zu einer Hommage an die Kunst. Eine solche Sensibilität bringen nur wenige Architekten auf.

rechte Seite Die Magie der aufgefalteten Räume – die in einigen Grundrisssegmenten aufgesattelten Kuben schaffen faszinierende Raumgebilde, in denen sich Masse mit Filigranität begegnen. Dieser Architektur gelingt der notwendige Schritt vom Gebauten zur Sinnlichkeit der Baukunst. Beeindruckend!

unten Das gilt auch für das Bad – ein Funktionsraum wird zur Raumkunst, und das mit so wenigen Elementen!

oben Hier begegnen sich zwei gleichwertige architektonische Welten auf höchstem Niveau – dazu zählt auch die Grundstückseinfasung als Kontrapunkt – Massivität nach außen, um dann innerhalb des Grundstücks auf die architektonische Sensibilität zu treffen.

unten Was soll man der gewaltigen Natursprache anderes entgegensetzen als den Spiegel der Referenz? Hier stimmt die Geste, weil die Architektur selbst so stark ist, dass sie sich nicht mit einem Spiegelbild schmücken muss – kurz: Baukunst auf höchstem Niveau.

Projektdaten

Bruttogeschossfläche: 237 m^2
Bruttorauminhalt: 825 m^3
Energie: 56,09 kWh/m^2a = 35 % besser als EnEV
Nutzer: 1 Person + optional 1 Pflegekraft
Fertigstellung: 2013

Gatermann + Schossig
Architekten Generalplaner
Bauplanungsgesellschaft mbH & Co. KG
Richartzstraße 10
50667 Köln
www.gatermann-schossig.de

Fotos: Jens Willebrand, Köln, und Gatermann + Schossig

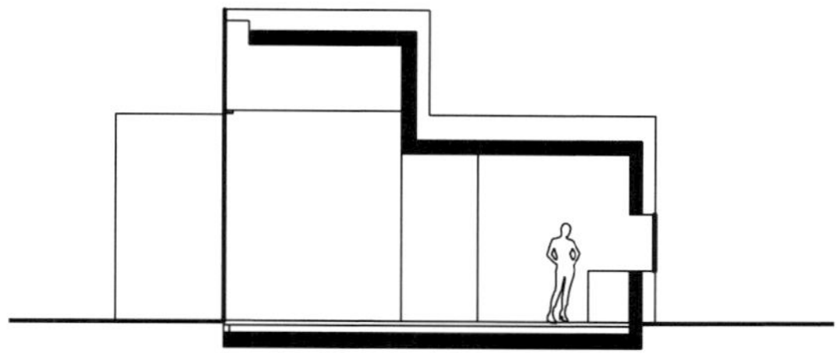

Querschnitt

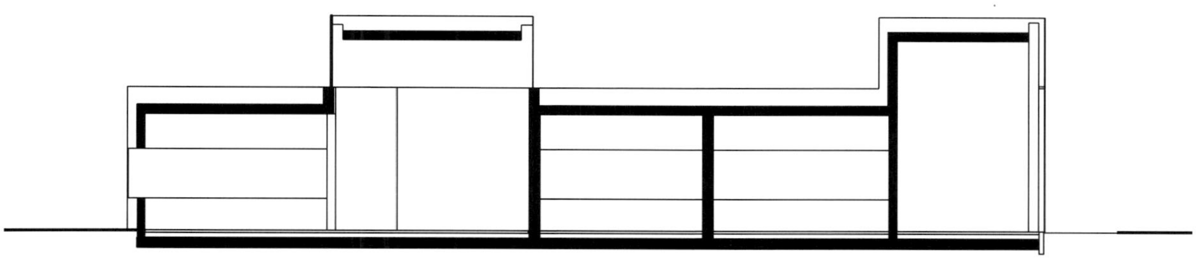

Längsschnitt

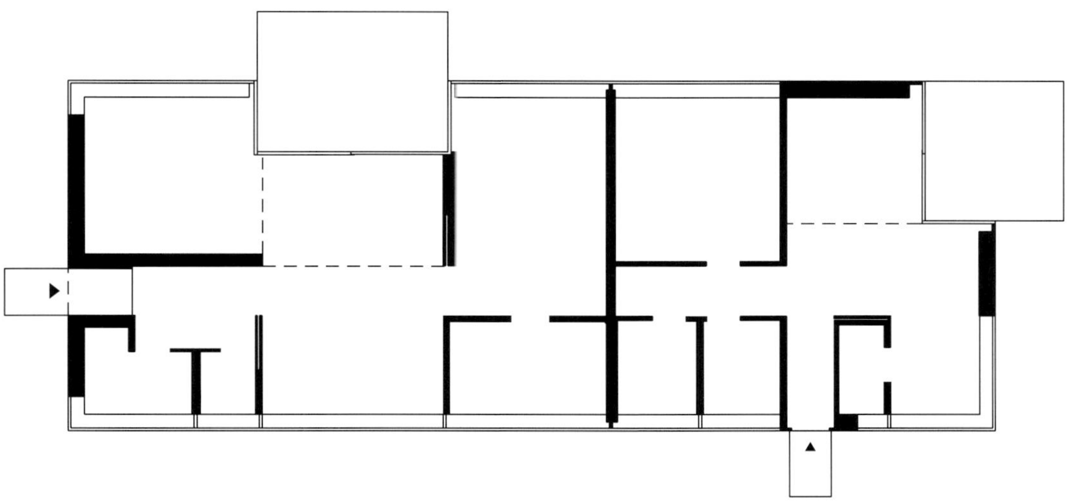

Grundriss

DAS PRINZIP DER FÜGUNG – AUSDRUCK VON PRÄGNANZ UND ELEGANZ

WALTER GEBHARDT, HAMBURG

Natürlich lässt ein Grundstück viele Entwurfsvarianten zu – unterschiedliche Großformen, interessante Materialkombinationen und ein breites Spektrum ikonologischer Botschaften, die sowohl den Auftraggebern als auch dem Grundstück gerecht werden. Es gibt nie die eine und einzige Entwurfslösung, aber Auftraggeber, Architekt und interessierter Betrachter werden sehr schnell spüren, ob ein Gebäude der Grundstückssituation gerecht wird und vor allem, ob es einen Zugewinn für die städtebauliche Situation der Umgebung darstellt.

Das Gehirn liebt keine Überraschungen, ist ein Kernsatz der Forschung – daran muss sich Architektur auch immer messen lassen: Ist die Überraschung eines neuen Gebäudes ikonografisch herausfordernd und wird es situativ als angemessen empfunden – das bedeutet keine Geschmackskontrolle, sondern das ernst zu nehmende Urteil einer kritischen Nachbarschaft.

Der Architekt beschreibt seinen Entwurf bewusst nüchtern und neutral: „Die Ausgangssituation des Entwurfs bildet das keilförmige, in Nord-Süd-Richtung verlaufende Hanggrundstück. Die Positionierung des Baukörpers erfolgt unter Ausnutzung der Höhendifferenz und unter Bewahrung des skulptural interessanten Baumbestands.

Auf der Eingangsseite im Süden treten zwei Geschosse in Erscheinung, wodurch sich eine lagernde Anmutung ergibt. Auf der Nordseite zeichnen sich dagegen drei Geschosse innerhalb der eingeschossigen Festsetzung ab.

Die Fügung des Gebäudes entwickelt sich aus der Addition dreier quadratischer Kuben, deren Durchdringung einen subtraktiven Charakter und eine skulpturale Wirkung zur

Es ist die Selbstverständichkeit im Ausdruck, die dieses Haus sowohl würdig als auch elegant wirken lässt – dazu trägt auch die feine Struktur des flachen Ziegelformats bei, das dem Auge die nötige Anzahl an Impulsen gibt, um im Gehirn die Wirkung „interessant“ zu erzielen – einfach gelungen!

Folge hat. Die Ausbildung des Balkons, in nördlicher Richtung mit Ausblick ins Tal, und der Dachterrasse (nach Süden und Westen gerichtet), führen zu einer räumlichen Differenzierung der Baumasse.

Die homogene Backsteinfassade, im wilden Verband gemauert, wird geprägt von den tiefblauvioletten Farbtönen des lokalen Torfbrandklinkers. Im Innern dominieren als überraschender Kontrast dazu helle Materialien: Sichtbetondecken, Putzflächen und polierter Industrieestrich als Bodenbelag sorgen hier für den gewünschten ‚Loftcharakter'.

Die Anordnung von Fensteröffnungen in dem massiven Baukörper scheint von außen frei komponiert – als zweidimensionales, grafisches Spiel auf den Seitenflächen des Volumens. Von innen jedoch stellt sich die Position der Fenster als integraler Bestandteil der Innenraumgestaltung dar. Die Fenster erscheinen wie gerahmte Ausblicke in die bewaldete Umgebung und ins Tal."

Eleganz ist ein großes Wort und ein ebensolcher Anspruch – das Prädikat verleiht die Öffentlichkeit, also der unbeauftragte Betrachter und am Ende auch die Architekturkritik, die im Namen der Jury diese Archiektur als beispielhaft elegant eingeschätzt hat – Eleganz als weit gespannter Fächer aller Elemente dieser Architektur – Kubatur, Fassade, stimmige Materialität und die äußerst sorgfältige Durcharbeitung im Detail. All das muss man gar nicht ausgreifend beschreiben, erschließt es sich doch jedem, der Architekturqualität als ein unverzichtbares Gut im Baugeschehen ganz selbstverständlich einfordert.

oben Bis auf die Eingangssituation und die Nebenräume an der Nordseite wurde der Erdgeschossgrundriss offen angelegt. Nur der Kaminblock schafft eine willkommene Zonierung zwischen dem Wohn- und dem Essbereich.

links Durch das Ausnutzen der Hangsituation konnte das Volumen auf die drei sichtbaren Geschosse erweitert werden – ein planerisches Moment, das dem Gebäude seine selbstverständliche und wohlproportionierte Form gibt.

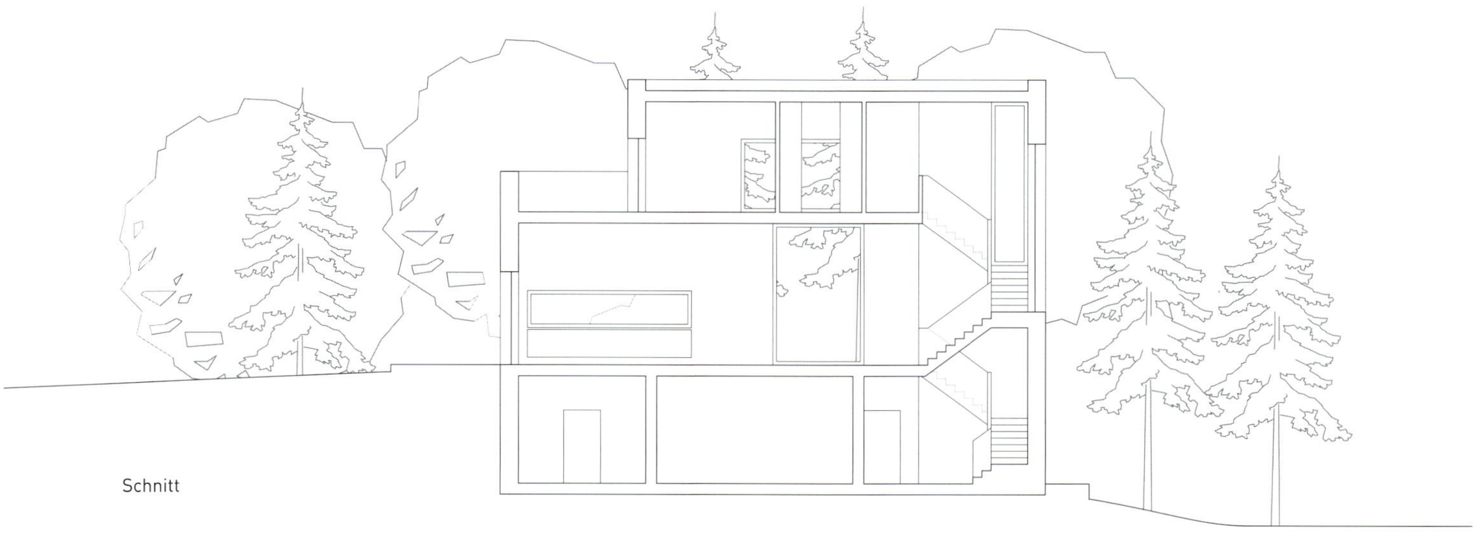

Schnitt

oben Das Bad im Elternschlaftrakt holt die Natur buchstäblich ins Haus – hier lässt sich entspannt verweilen.

rechte Seite Das minimalistisch angelegte Treppenhaus zum Obergeschoss mit inszeniertem Blick in die Baumkronen des Gartens.

links Eines der drei Kinderzimmer im Hanggeschoss, jeweils mit eigenem Ausgang zum eingefassten Innenhof.

Projektdaten

Grundstückgröße: 2900 m²
Wohnfläche: 420 m²
Nutzfläche: 70 m²
Umbauter Raum: 2186 m³
Planungsbeginn: Mai 2010
Baubeginn: August 2011
Fertigstellung: September 2012

Walter Gebhardt Architekt
Johnsallee 68
20146 Hamburg
www.gebhardt-architekt.com

Fotos: Jochen Stüber, Hamburg

Das Ankleidezimmer zwischen Schlafraum und Elternbad mit Blick auf den umlaufenden Balkon.

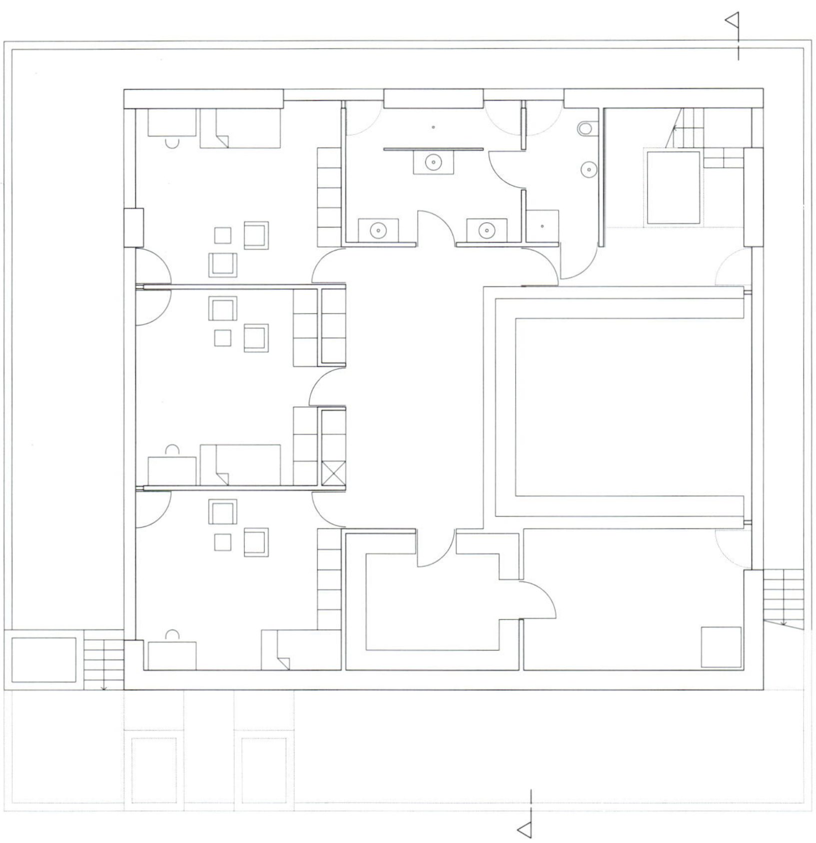

Untergeschoss

Obergeschoss

Erdgeschoss

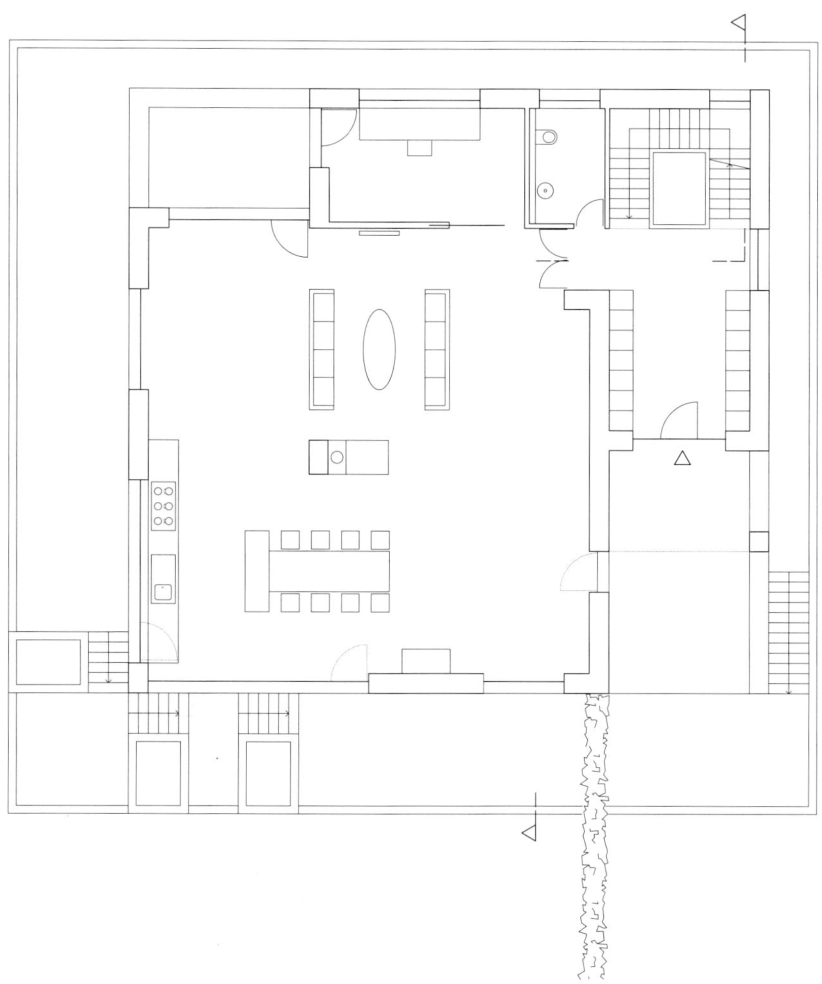

WENN ARCHITEKTUR ZUR KUNST WIRD

GEWERS PUDEWILL, BERLIN

Der Beruf des Architekten ist nach meiner Einschätzung über die vielen Jahre, in denen ich Architekturbücher herausgebe und inzwischen Hunderte von Architekten kenne, der schönste, den ich mir vorstellen kann – aber auch der wohl schwierigste. Das Architektendasein kann man zwar an der Universität lernen, so wie viele andere anspruchsvolle Berufe, aber es muss einem vor allem im Blut liegen und dann muss man für die Architektur brennen. Nur so entstehen die gebauten Unikate, die für den Fortschritt des Baugeschehens so unverzichtbar sind, und nur so entstehen Häuser, die uns als Betrachter mit allen Sinnen betören – ein solches Gebäude gilt es hier als Villa zu würdigen.

Projektbeschreibung der Architekten

„Am grünen Rand von Potsdam entstand diese außergewöhnliche Villa. Sie ist geprägt von ruhigen, geschichteten Volumen, die eine lockere Skulptur ergeben und sich selbstverständlich in die natürliche Umgebung einfügen.

Die Figur respektiert die Natur, reagiert aber sehr bewusst auf den Sonnenlauf und provoziert attraktive Blickbezüge. Aus allen Räumen genießt man neue Ausblicke in den Wald oder die Umgebung. Die großzügigen Grundrisse spiegeln zeitgenössisches Lebensgefühl und eine moderne, freie Haltung im Wohnkonzept wider.

Die Fassade besteht aus Valser Gneis, einem sehr dichten und edlen Naturstein aus den Schweizer Alpen. Die Oberfläche ist gestoßen, fugenlos ausgeführt und im Detail teilweise geschliffen. Großzügige Fenster werden in die Skulptur hineinkomponiert und bieten poetische Ausblicke in die Natur.

Auch wenn die Künstler Bill und Wotruba bei diesem Projekt sicher nicht Pate gestanden haben, so ist doch die klare Absicht zu erkennen, dass es sich hier nicht nur um ein Haus, sondern um ein Kunstwerk handelt.

oben Der Valser Gneis ist ein unglaublich ausdrucksstarker Stein, der bei diesem Projekt als Fassadenmaterial besonders eindrucksvoll eingesetzt wurde: Die scharfkantige Figur des Baukörpers wird durch die fassettenreiche Steinstruktur noch einmal betont – ein Material, wie für die Ewigkeit gedacht.

unten Der Zugang zum Haus, links die Doppelgarage auf dem tieferen Niveau, rechts führt die Treppe zum Eingang im Erdgeschoss, der leicht zurückversetzt in die Fassade eingeschnitten wurde.

Die Innenarchitektur der drei Ebenen ist ruhig und hell und orientiert sich an der klaren Formensprache, die außen herrscht. Das Erdgeschoss bildet ein großer Wohn-/Essbereich, die privaten Räume befinden sich in den Obergeschossen.

Eine zentrale offene Treppe verbindet die Geschosse und wird selbst zur Skulptur."

Der Begriff der Skulptur wird in der Architekturbeschreibung nur allzu inflationär eingesetzt, aber es gibt nun einmal keinen treffenderen Ausdruck, wenn Architektur und Kunst, wenn das geformte Bauen unter der Absicht entstand, etwas zu schaffen, das anderen Dimensionen unterliegt: der Baukunst. Baukunst zu schaffen, ist seit Jahrhunderten ein kongeniales Zusammenwirken zwischen Auftraggebern und Architekten – und wenn es dann auch noch um einen wahrhaft künstlerischen Anspruch im Ergebnis gehen soll, dann sind alle Kräfte gefordert. Aber waren nicht die Kräfte gut und pointiert eingesetzt, wenn am Ende ein baukünstlerisches Unikat entsteht, das es nun mit Leben zu füllen gilt – genießend und fordernd gleichermaßen?

Es ist ein kantiges Bauwerk im Wortsinne – und gerade das macht seine Qualität aus, als Architektur ebenso wie deren Überhöhung als Kunstwerk.

oben Der faszinierende Raum im obersten Geschoss mit seiner großen Auskragung, die sich wie eine Aussichtsplattform der freien Natur zuwendet.

rechts Die kunstvolle Wendeltreppe erschließt die Aussichtsebene.

Projektdaten

Grundstückgröße: keine Angaben
Wohnfläche: 200 m²
Nutzfläche: 90 m²
Umbauter Raum: 1334 m³
Planungsbeginn: 2009
Baubeginn: 2011
Fertigstellung: 2012

Gewers Pudewill
Schlesische Straße 27
10997 Berlin
www.gewers-pudewill.com

Fotos: Christian Gahl, Berlin

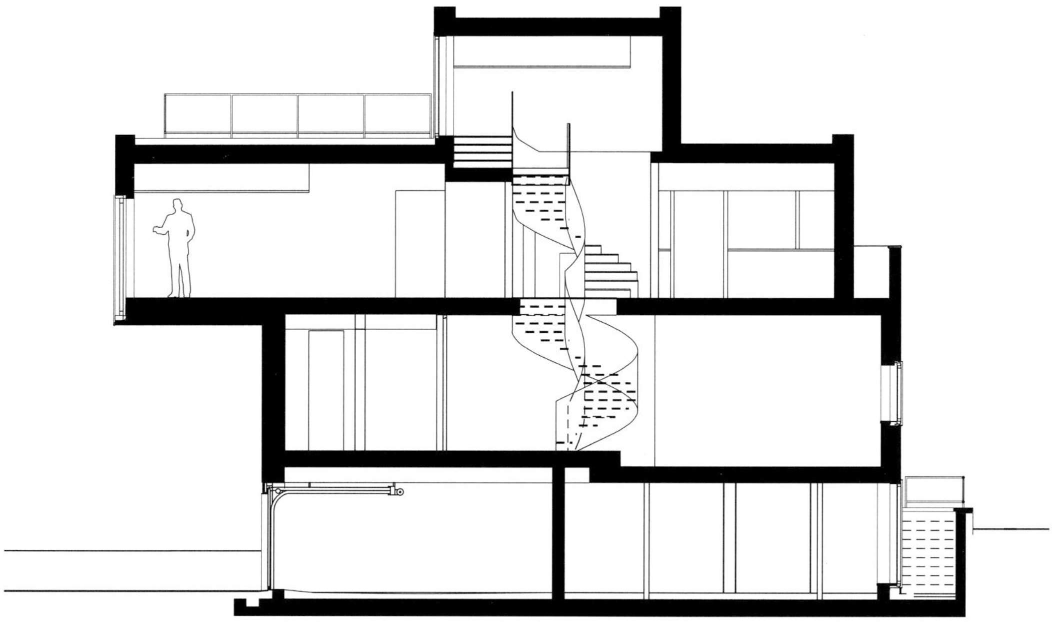

Schnitt

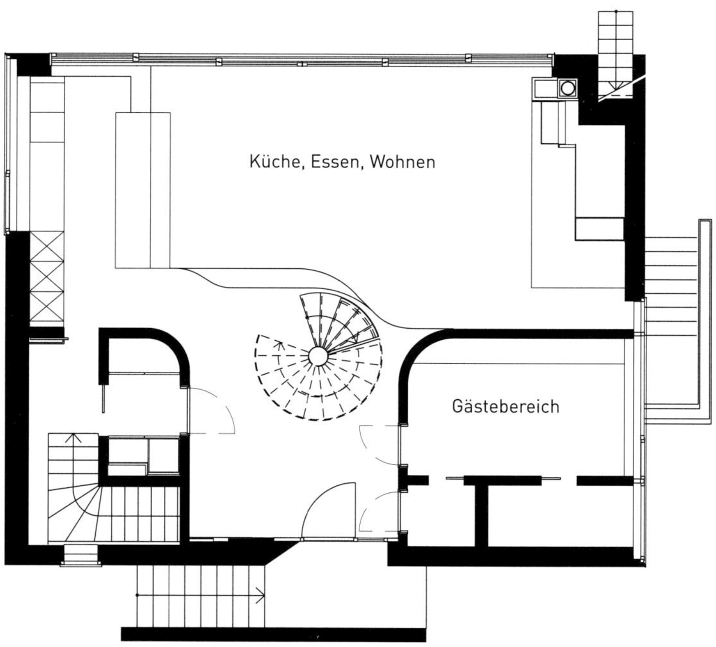

Erdgeschoss

Dachgeschoss

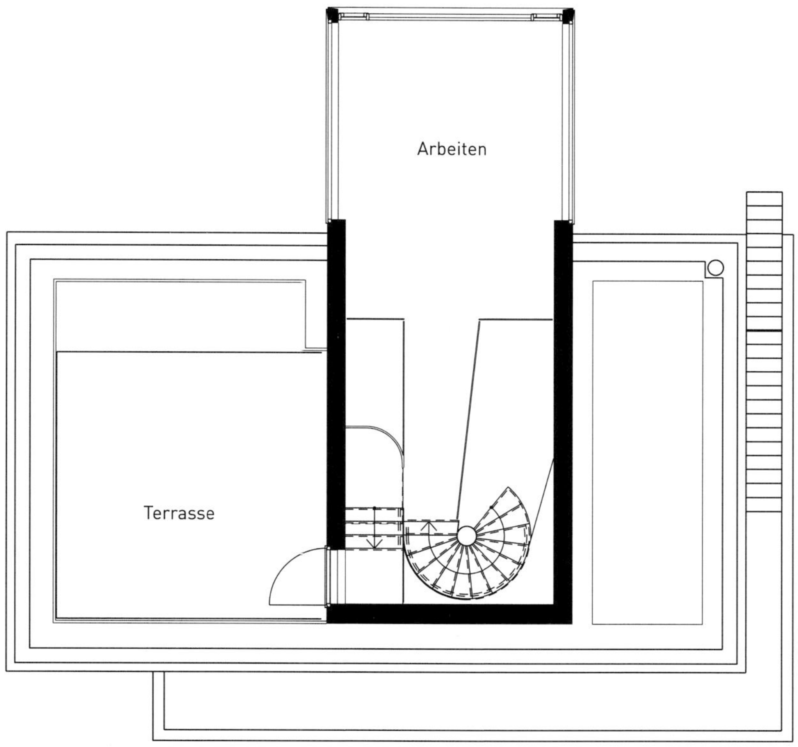

Obergeschoss

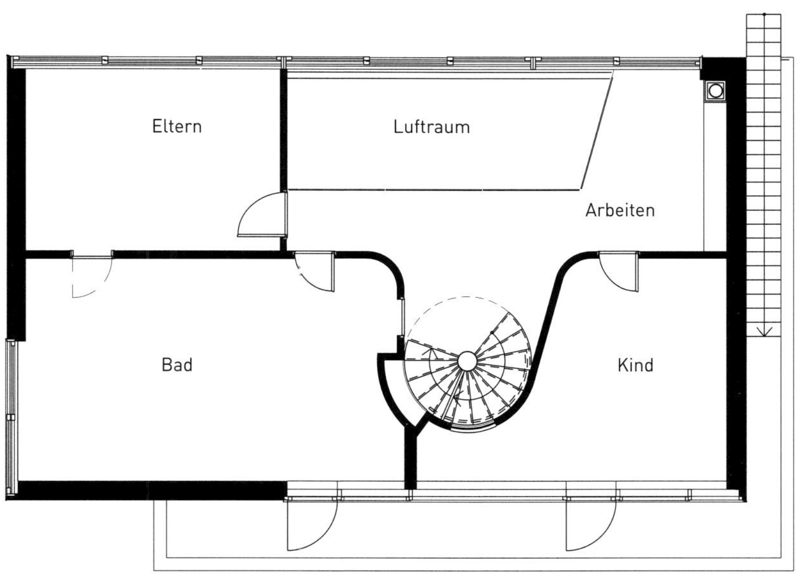

DIE ELEGANZ DER ADRESSE

GMP ARCHITEKTEN
VON GERKAN, MARG UND PARTNER, HAMBURG

Der Erläuterungstext der Architekten gmp arbeitet die wesentlichen Aspekte dieses Wohnhauses und seines besonderen Standorts heraus: „Die Stadt Kronberg am Taunus verfügt über den Nimbus, das Refugium reicher Banker aus der Metropole Frankfurt/Main zu sein. Das mag falsch oder richtig sein, ist aber zumindest ungerecht, weil Kronberg zunächst einmal eine weitgehend intakte Kleinstadt mit einer ebenso intakten Altstadt und einer Burg aus dem 13. Jahrhundert ist, die eher wie ein großes Herrenhaus wirkt: Zwar aus verteidigungstechnischen Gründen auf dem Hügel gelegen, aber mit seinem massiven Natursteinsockel und dem Fachwerkbau der Obergeschosse doch bautypologisch vertraut, fast idyllisch in heutiger Zeit.

Das neue großzügige Wohnanwesen am Burgweg muss sich ganz unmittelbar mit dieser Burg auseinandersetzen: das Grundstück liegt an ihrem Fuß, fast wie eine Fortsetzung des Sockelgeschosses hügelabwärts, das abfallende Grundstück ist, diese Situation betonend, auch in der Höhenstaffelung zweigeteilt durch eine Trockensteinwand, die den Höhensprung markiert.

Das Haus wurde für eine Familie mit Kindern entwickelt, ergänzt durch zwei Einliegerwohnungen, deren eine zunächst als Arbeitsbereich des Bauherrn dient.

Die Grundform des Hauses stellt sich so einfach dar, wie man es aus Kinderzeichnungen kennt: der Baukörper ist ein einfaches Rechteck. Im Untergeschoss liegen Technikräume, Fitnessbereich und Tiefgarage, darüber zwei Vollgeschosse mit den Einliegerwohnungen im Erdgeschoss, der Hauptwohnebene und den Schlafräumen darüber. Zu der einfachen Grundform passt das traditionelle Satteldach, dem ein schmales Pultdach im Norden vorgelagert ist.

Die Eingangssituation: Links führt eine einläufige Treppe auf die Brücke im Erdgeschoss zum zurückgesetzten Eingang. Von hier aus erschließt sich auch der obere Teil des Gartens mit dem alten majestätischen Baumbestand.

So weit, so einfach. Bemerkenswert wird das Haus durch das, was über das Einfache hinausgeht: der Baukörper wirkt, als sei er als Ganzes aus dem Naturstein der Umgebung herausgeschnitten. Die Verkleidung der Außenmauern mit Steinen aus Quarzit ‚Truffer Val' mit ihren schmalen, liegenden Formaten nimmt das Thema der vorhandenen ortstypischen Trockenmauern auf und setzt den geschlossenen Sockel der Burg fort: Von außen wirkt das Haus wie ein Monolith mit tief eingeschnittenen Fensterlaibungen, im Innern aber wird es durch eine ‚prinzipielle Symmetrie' (die eben nicht sklavisch durchgehalten wird) geöffnet und transparent, mit großzügigen Ausblicken nach Süden und zur Burg hin. Die große gewendelte Treppe im Zentrum des Hauses wird zum Mittelpunkt, um den sich – buchstäblich – alles dreht, oder besser: Sie bildet den Kern einer Verwandlung im Innern des Hauses von der streng-geschlossenen Nordseite zur offenen Südseite hin."

Das von mir als Autor verliehene Etikett der Eleganz bildet sich auf der einen in der monolithischen Großform ab, dann dem Volumen und der Strenge in der Materialwahl und Verarbeitung, ebenso aber auch in der klassisch großzügigen Grundrissorganisation, die natürlich sofort baugeschichtliche Assoziationen ins 16. Jahrhundert aufkommen lässt – warum? Weil sich die Prinzipien einer internen ebenso wie einer externen Villenorganisation eben in ihrer Ausdrucksstärke bewährt haben und: dass die Grudrisse in ihrer Anlage auch ein elegantes Leben zulassen, was nichts anderes bedeutet als überzeugende Raumproportionen, Weitläufigkeit und ein repräsentatives Raumgefüge als Bühne für ein als elegant verstandenes Lebenskonzept. Aber nicht formelle Starrheit ist das Prinzip, sondern das komplexe räumliche Angebot, das besonders im Bezug zum Außenraum das Angebot von Gestus ebenso macht wie das Angebot der Intimität eines integrierten Hausgartens.

Kurz: Ein großzügiges Villenanwesen als Bühne des Lebens, dem das parkartige Umfeld in seinen stattlichen Dimensionen und seiner gartenarchitektonischen Ausformung antwortet – wahrlich eine kongeniale Eleganz auf allen Wirkungsebenen.

rechte Seite oben Die große Halle im Obergeschoss bildet das Zentrum des Hauses – hier befindet sich das Speisezimmer, an das sich links der private Wohntrakt anschließt, mit direkter Verbindung liegt rechts die Küche, die sich durch eine Schiebetür abtrennen lässt.

unten Die elegante Gebäudefront mit der mittig angelegten Garage, an der Seite führt die Außentreppe ins Erdgeschoss zum Eingang.

rechte Seite unten beide Das Motiv einer skulpturalen Treppe, die sich dominant auf allen Geschossebenen zeigt, prägt einige der Privathäuser, die gmp geplant und gebaut haben. Natürlich zählt auch bei diesem Detail die Funktionalität, sie tritt aber in der Bedeutung hinter der eleganten Form zurück – so wird die gewendelte Treppe gleichsam zum Kunstwerk, das seinen Raum und auch die Aufmerksamkeit beansprucht – zu Recht bei diesem formvollendeten Schwung und der ihm innewohnenden Dynamik.

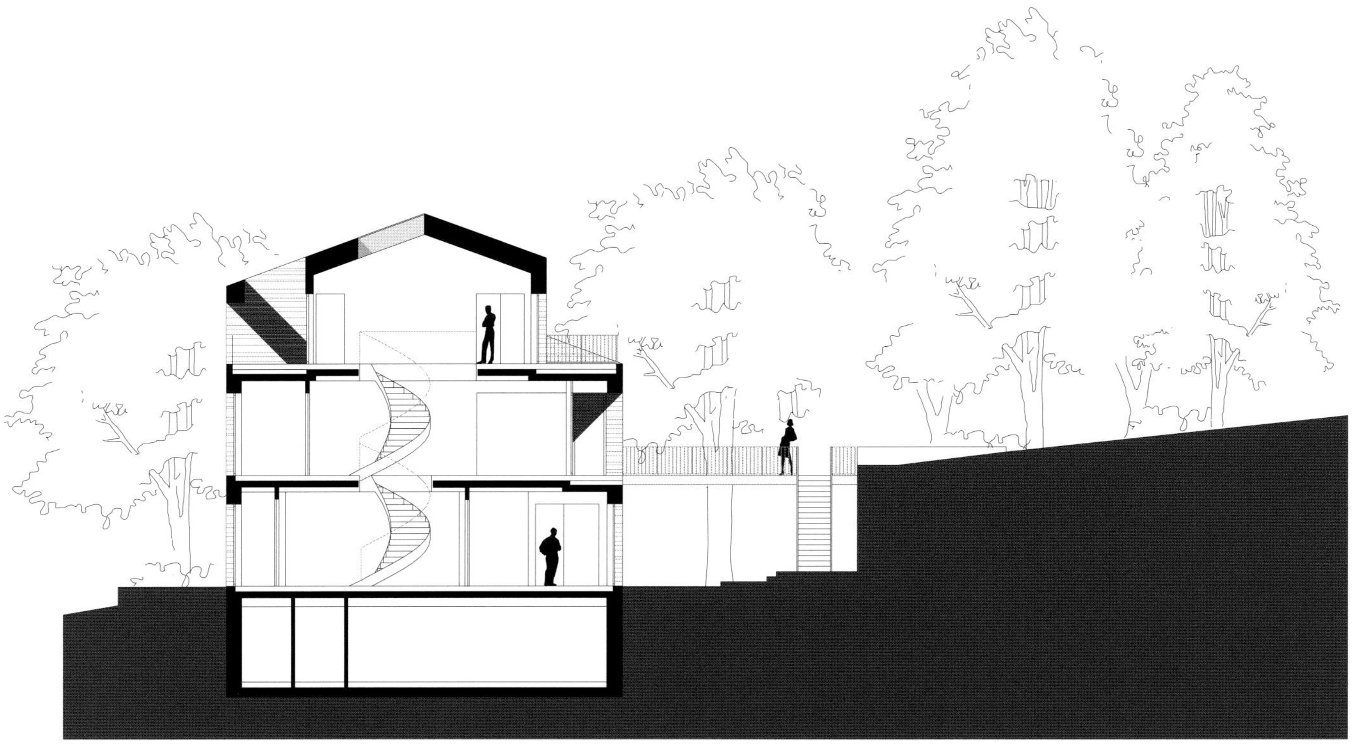

Schnitt West

Kellergeschoss

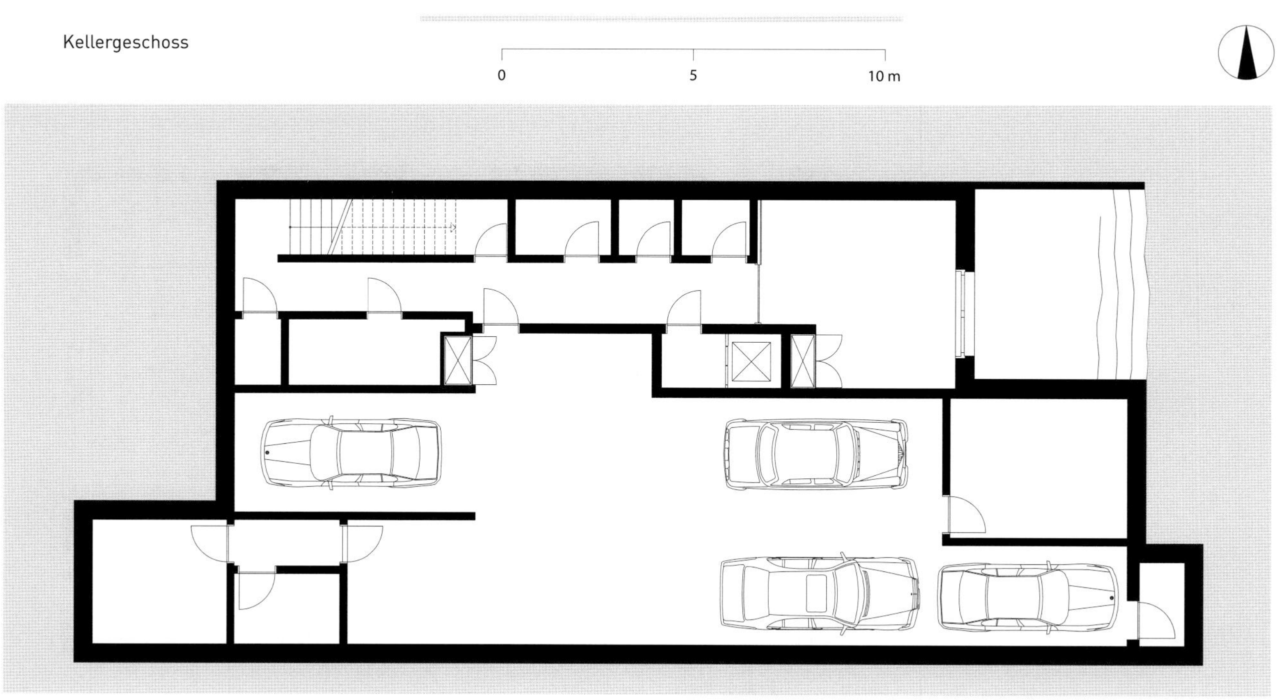

Projektdaten

Entwurf: Meinhard von Gerkan
Projektleitung: Volkmar Sievers
Mitarbeiter Entwurf: Michelle Watenphuhl, Inga Kläschen
Mitarbeiter Ausführung: Inga Kläschen, Nils Dethlefs, Urs Wedekind, Julian Lahme
Hauptnutzfläche: 516 m²
Bruttogrundfläche: 940 m²
Nettogrundfläche: 216 m²
Bauzeit: 2008–2010

gmp Architekten
von Gerkan, Marg und Partner
Elbchaussee 139
22763 Hamburg
www.gmp-architekten.de

Fotos: Heiner Leiska, Hamburg

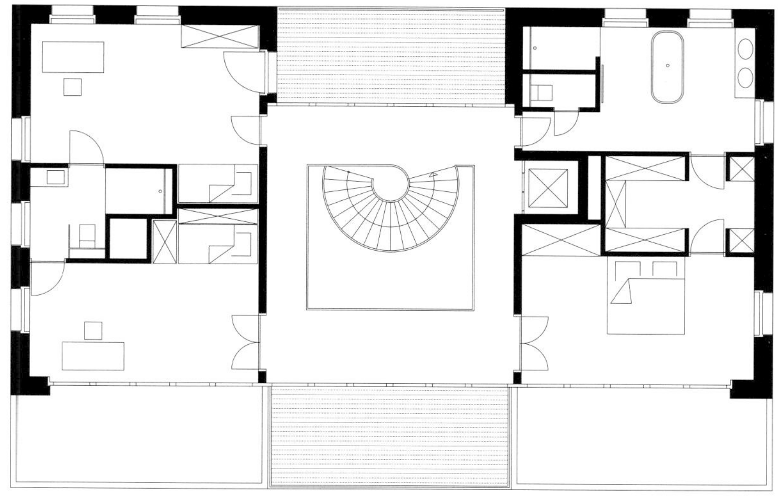

Dachgeschoss

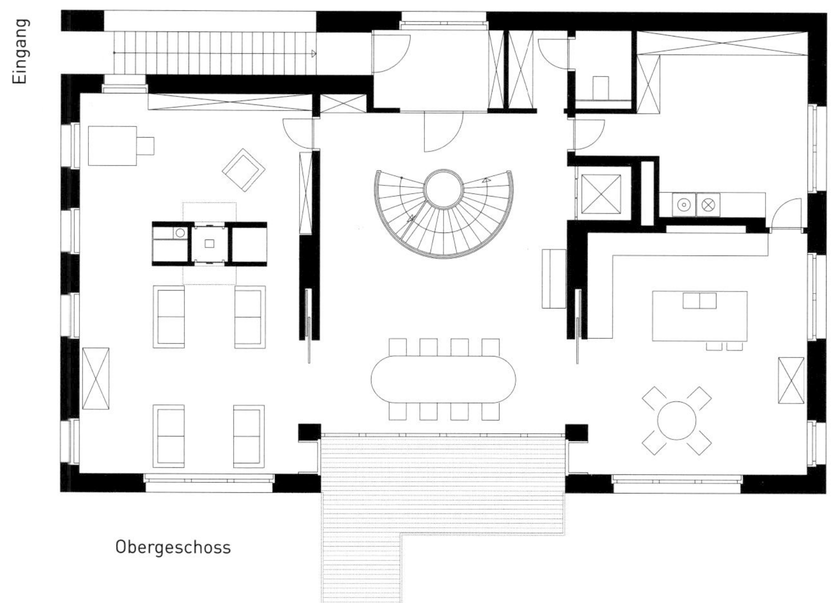

Obergeschoss

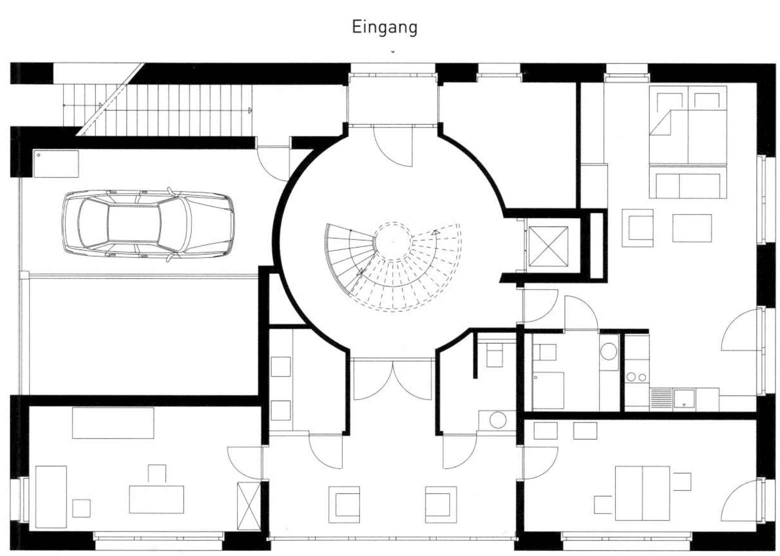

Erdgeschoss

DIE HOHE KUNST DES UNDERSTATEMENTS

JOHANNES GÖTZ UND GUIDO LOHMANN, KÖLN

Es gibt nur wenige Architekturbüros, die – neben einer Vielzahl anderer Bauaufgaben – allein über 60 private Wohnhäuser und Villen gebaut haben. Und dabei ist es ja noch nicht einmal 20 Jahre her, dass die kleine Zahl der tonangebenden Architekturkritiker das Einfamilienhaus oder gar die Villa als Auslaufmodell für das klassische Architekturbüro prognostiziert hatten. Nicht nur das, diese Bauaufgabe galt geradezu als anstößig. Glücklicherweise war diese Einschätzung ein – wenn auch absehbarer – Irrtum, ging es doch mehr um Ideologie als um die realen Bedürfnisse architekturbegeisterter Auftraggeber.

Über 60 realisierte private Wohnhäuser ist ein bestechendes Alleinstellungsmerkmal der Kompetenz der Architekten für diese Bauaufgabe, auch deshalb, weil sie stets eine unverwechselbare Adresse und damit auch ikonologisch ein biografisches Abbild ihrer Bauherrschaft schaffen – subtil und elegant. Hier ihre Projektbeschreibung:

„Die Auftraggeber dieses Hauses hegten eine große Sympathie für alte Häuser. Auf ihrer Wunschliste stand: ‚Hohe Räume, nicht nackt, also bekleidet, markante Bezüge der Räume untereinander, solide und differenzierte Materialisierung, gegenständliche Details, nach außen hin Zurückhaltung, ein richtiges Dach'.

Die Wünsche hatten eine große Übereinstimmung mit unseren Vorlieben, aber sie standen in einem gewissen Konflikt mit den Gegebenheiten des Grundstücks und den zu erwartenden Eigenheiten seines baulichen Umfelds.

Das Grundstück liegt in einem Neubaugebiet über dem Talkessel von Trier. Dieses Haus war eines der ersten, das dort gebaut wurde. Es gab also keine Nachbarbebauung, an der man sich hätte orientieren können, aber es lag ein Bebauungsplan vor und darauf gründend unsere Erwartung, dass die zukünftigen Häuser im Allgemeinen der gegenwärtigen Mode folgen, also kühl abstrakt, groß befenstert und flach bedacht sein würden.

Der Entwurf löst den Konflikt zwischen den Bauherrenwünschen und dem Genius Loci mit einem kubischen Baukörper und flach geneigtem Satteldach. In seiner Schlichtheit reagiert er auf die zu erwartenden Nachbarhäuser, und in der Regelmäßigkeit der Befensterung und der Materialisierung des Sockels, der Fensterbänke und der Schornsteinköpfe in Muschelkalk geht er auf die Bauherrenwünsche ein und verweist auf das Innenleben.

links Die Eleganz eines Hauses wird in der Fassade vor allem durch das gestische Moment der Eingangstür vermittelt: hier ist es die Zweiflügeligkeit, es sind die Profile und die Lage in der Wand – leicht zurückgesetzt, einladend und Sicherheit vermittelnd gleichermaßen.

rechte Seite Auch an der Gartenfassade dominiert die Symmetrie mit jeweils unterschiedlichen Funktionen der zweiflügeligen Türen zum Garten: rechts und links dienen sie nicht unbedingt als Ausgang zum Garten, sondern sind gestisches Moment als optische Verlängerung der Gesellschaftsräume – nur mittig öffnet sich das Türelement funktional großzügig zur Terrasse.

Im Grundriss hat das Haus vier Achsen in der Breite und drei Achsen in der Tiefe. Die Räume legen sich U-förmig um eine zweigeschossige Treppenhalle im Zentrum. Man betritt das Haus in der Mittelachse. Die Eingangstür liegt vor Witterung geschützt in einer tiefen Nische. Sie führt direkt in die Halle, in der man zunächst das niedrige Treppenpodest über sich hat und vor sich den Blick durch das Wohnzimmer ins Tal. In der Querachse liegen die Türen zur Küche und zum Hauswirtschaftsraum.

Wenige Schritte weiter steht man mitten in der Halle, hat den zweigeschossigen Raum über sich und das Licht, das durch das große Fenster über der Haustür einfällt, im Rücken.

Durch eine hohe, zweiflügelige Tür betritt man das Wohnzimmer. In seiner Querachse liegen das Kaminzimmer zur Rechten und das Esszimmer zur Linken.

Wie die Eingangshalle ist das Kaminzimmer in dunkel gebeiztem Holz ausgebaut; das Esszimmer ist brüstungshoch vertäfelt.

In den Wohnräumen sind die Fußböden aus Eichenholz gefertigt und im Fischgrätmuster mit Randfries verlegt. In

Es ist ein sehr formeller Eindruck, den die Gartenseite des Hauses ausstrahlt. Dieser Entwurfsgedanke findet daher auch konsequent seine Fortsetzung in der strengen Terrassenanlage – Architektur als biografisches Programm.

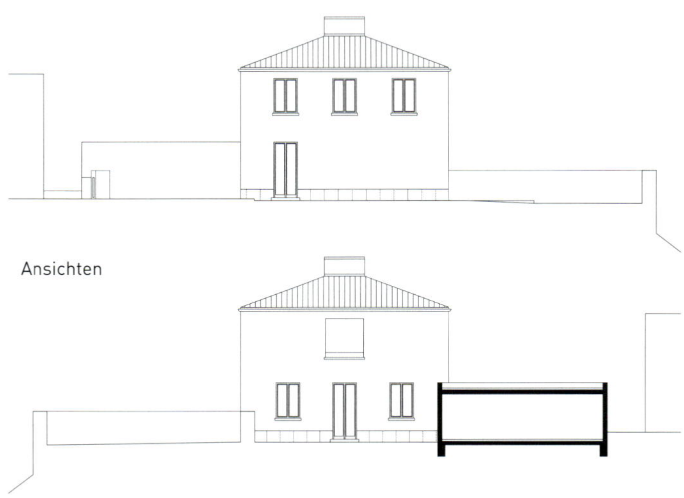

Ansichten

Die elegante Tür zum Garten wird durch die Fenster eingefasst, deren Nischen zum Sitzen einladen. Die rechts und links angeordneten inneren Klappläden sind sicherndes und schmückendes Element zugleich.

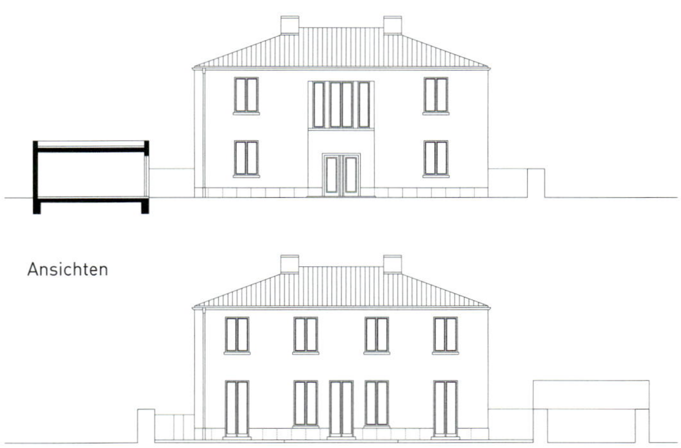

Ansichten

der Eingangshalle liegt ein Terrazzoboden. Auch er bedient sich eines Randfrieses. In der Farbe des Holzausbaus stellt er einen Bezug zwischen dem Boden und den Wandflächen her."

Die Beschreibung des Hauses enthält allein sachliche Informationen, verweist nur auf die wesentlichen Elemente des Entwurfs und wie diese auf die Wünsche der Auftraggeber antworten. Es ist diese Selbstverständlichkeit, mit der die Architekten stets ihre Projekte realisieren – ohne große Gesten, keine Trendarchitektur, sondern genau die Solidität in Entwurf und Umsetzung, die schon immer das Spezifikum einer werthaltigen Wohnhausarchitektur waren und deren Bestand das Auge des Betrachters so nachhaltig erfreut. Das Bewusstsein, in der baugeschichtlichen Kontinuität zu stehen, verleiht den Häusern dieser Architekten stets eine so anerkennenswerte Architektursprache in der Großform wie im individuellen Detail – nur so entsteht auch beim Bauen wirkliche Eleganz.

links Ein Raum, der noch wirklich die Bezeichnung Bibliothek verdient – funktional und atmosphärisch, aber auch in der eleganten handwerklichen Ausführung insgesamt.

rechte Seite Das Speisezimmer mit traditionellen Wandpaneelen, die sich zur Gartenseite zu Schränken und Ablagen erweitern. Die Paneele fassen den Raum gestisch ein und steigern ihn in seiner repräsentativen Ausstrahlung.

unten links Es sind die aus historischen Villen bekannten Elemente wie Terrazoboden, umlaufender Fries und auch wieder die Wandvertäfelung als dominante Raumeindrücke, die das elegante Gesamtkonzept prägen.

unten Rechts und links neben dem Eingang dienen die Nischen als Zugang zum Kellerabgang und zur Küche – mit eingelassenen Schränken, die das Motiv der Symmetrie auch funktional unterstreichen.

Projektdaten

Grundstücksgröße: 800 m²
Wohnfläche: 270 m²
Nutzfläche: 180 m²
Planungsbeginn: Februar 2006
Baubeginn: August 2006
Fertigstellung: Oktober 2007

Johannes Götz, Dipl.-Ing. Architekt und Guido Lohmann
Hardtstraße 8
50939 Köln
www.johannesgoetz.com

Fotos: Jan Kraege, Köln

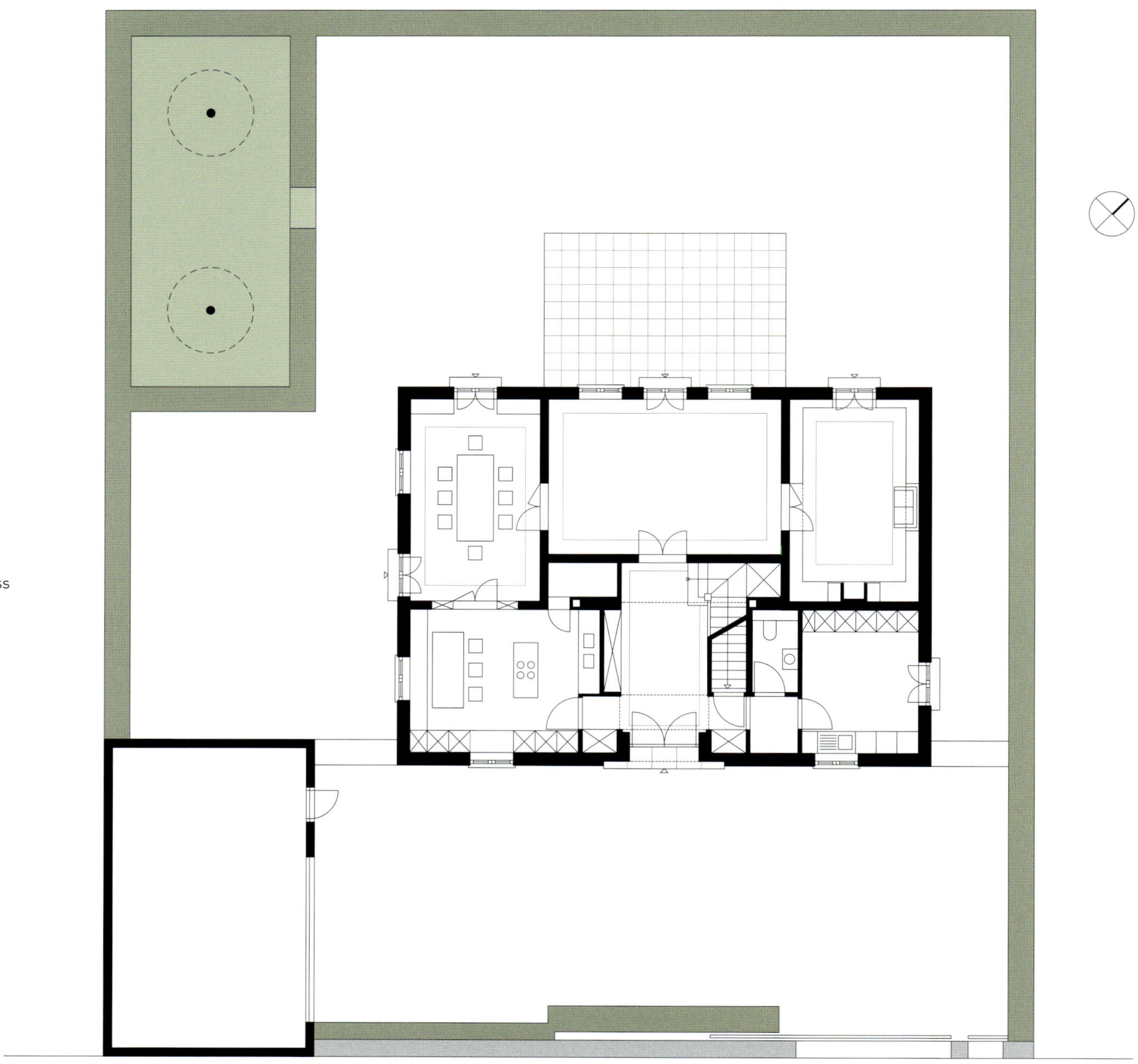

Erdgeschoss

Schnitt

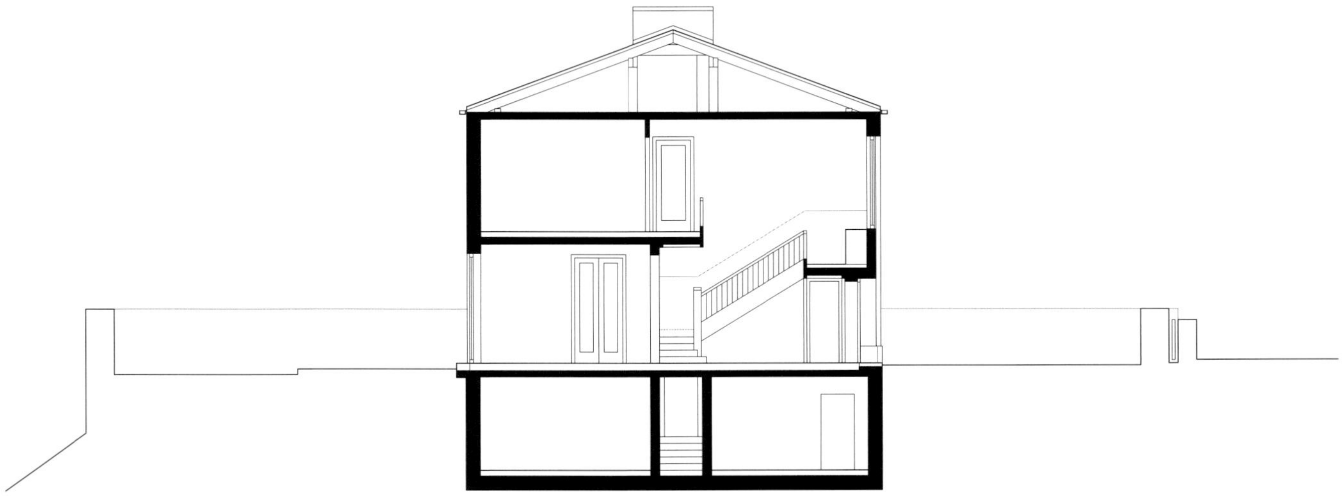

Obergeschoss

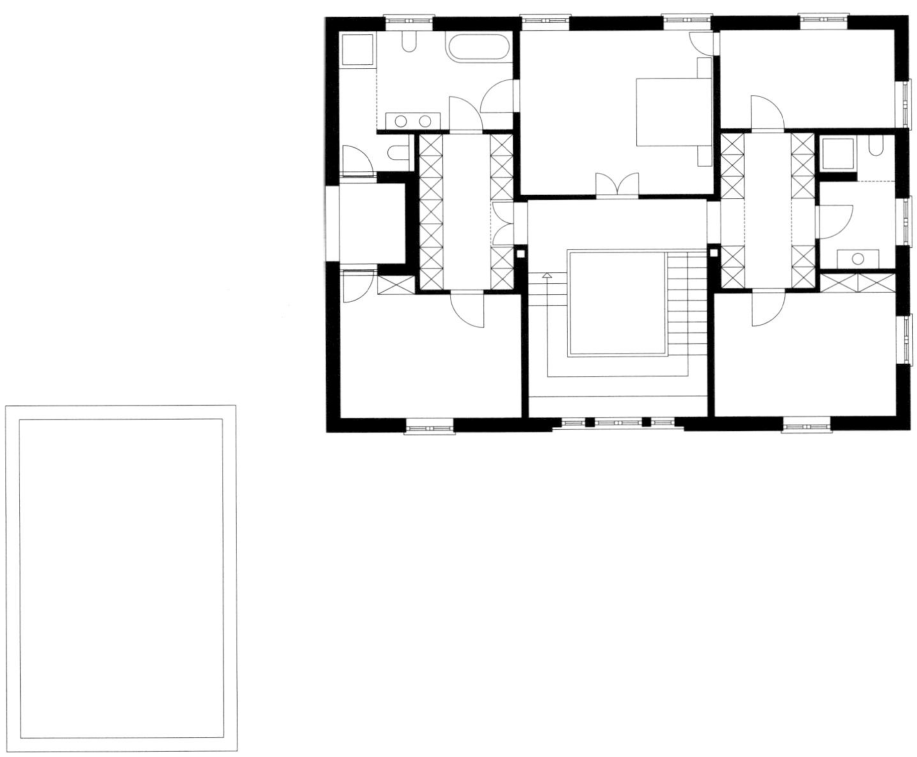

DIE KÖNNERSCHAFT DER ZURÜCKHALTENDEN ELEGANZ

K_M ARCHITEKTUR DANIEL SAUTER, BREGENZ UND BALGACH

Die Architekten von k_m architektur sind seit Jahren für ihre ausdrucksstarke Architektur bekannt, die im Sinne einer maniera nuova durch ihre unverwechselbare Authentizität besticht. Die vielen bisher realisierten Gebäude gehören alle einer im Ausdruck einheitlichen Formenfamilie an, und doch ist jedes Projekt einzigartig in seiner dem jeweiligen Ort angemessenen Ausstrahlung. Wer also mit dem Architekturbüro k_m architektur als Auftraggeber zusammenarbeiten will, kann schon von Beginn an wissen, auf welch durchdachte Formenwelt er sich in etwa einstellen darf - und das aber in einem weit gespannten Variantenspektrum. Bei diesem Haus in Liechtenstein wird der sonst manchmal auch spartanische Entwurfsansatz zu einem Strauß architektonischer Elemente aufgefächert, die im Zusammenklang eine raffiniert geschichtete Skulptur von – eindringlich spürbarer – Eleganz darstellt.

Der Erläuterungsbericht der Architekten

„Das Wohnhaus steht auf einem nach Süden abfallenden Grundstück in dörflicher Struktur mit Blick auf die umliegende Bergregion des Rheintals.

Eine parallel zur Höhenlinie komplett in den Hang eingeschobene Garage sowie ein Pool in der Verlängerung, bilden den Sockel des Gebäudes. Eine dazu im rechten Winkel angeordnete Wandscheibe aus Beton trennt den Zufahrtsbereich der Garage mit Vorplatz vom Gartenbereich und markiert gleichzeitig den Zugang zum Wohngebäude. Über eine einläufige Treppe gelangt man vom Vorplatz hinauf zum Eingangsbereich.

Wie ein ausgestreckter Arm fasst der Betonbügel die Terrasse und den Pool ein – ein gestalterisches Element, das ganz wesentlich zur eleganten Erscheinung der Gartensituation mit Pool und Terrasse beiträgt.

Eine in den Hang gesetzte Stützmauer aus Beton bildet Raum für das Eingangsgeschoss mit ebenerdigem Gartenzugang. Zusammen mit der senkrecht zum Gebäude angeordneten Wandscheibe dient die in den Hang eingeschobene Stützmauer als Auflager für einen Baukörper aus Holz.

Zwei versetzt zueinander angeordnete Winkel, deutlich ablesbar durch die unterschiedliche Materialität der Fassade (Kupfer, Holzschindeln), fügen sich zu einem umlaufend überhängenden Baukörper zusammen. Er schützt den Zugangsbereich vor der Witterung und schafft außerdem überdachte Außenbereiche.

Ein großzügiger Eingansbereich mit Garderobe und einer filigran gestalteten Treppe empfängt den Besucher. Über den Eingangsbereich betritt man einen über die gesamte Ost- und Südseite des Gebäudes raumhoch verglasten offenen Koch-, Ess-, Wohn- und TV-Bereich mit vorgelagerter Terrasse beziehungsweise Pool. Zwischen Essbereich und Wohnraum dient ein Kaminofen als Raumteiler. Die großflächigen Verglasungen geben den Blick in die Ferne frei und sorgen für ausreichend Tageslicht. Die im Erlebnis unterschiedlichen Terrassenflächen verbinden das Innere mit dem Außenraum und erweitern dadurch in der Wirkung die über die gesamte Höhe verglasten Räume. Das umlaufend überhängende Obergeschoss verschattet dabei die großen Glasflächen und schützt das Gebäude vor sommerlicher Überhitzung. Im Winter wird die Sonneneinstrahlung als passiver Energiebeitrag genutzt.

Eine einläufige Treppe führt vom Eingangsbereich in das Obergeschoss mit den privaten Schlaf- und Badezimmern. Über einen Verteilerflur werden die als klassischer Zweispänner angeordneten Räume erschlossen. Ein Kinderzimmer, Bad mit Fitnessbereich und Sauna sowie das Elternschlafzimmer orientieren sich mit raumhoher Verglasung Richtung Süden beziehungsweise Osten. Ein dreiseitig umlaufender überdachter Balkon verschattet die Glasflächen und fügt die Räume optisch zu einer Einheit zusammen. Hangseitig befindet sich im Obergeschoss außerdem eine Ankleide mit Hauswirtschaftsraum, ein Kinderbad sowie ein Büro/Gästezimmer.

Ein Großteil der Fassade sowie die Fenster bestehen einheitlich aus naturbelassenem Weißtannenholz beziehungsweise Kupferblech. Die massiven Bauteile wurden bewusst in Sichtbeton dargestellt.

Bodenbelag und Lattenroste wurden aus Eiche gefertigt. Auf Lacke oder Schutzanstriche wurde verzichtet. Die dauerhafte Kupfer- und Holzfassade bekommen im Laufe der Zeit eine dezente Patina und greifen damit Typica des dortigen regionalen Bauens auf.

Das Gebäude wurde streng nach den Kriterien der Umweltverträglichkeit geplant, dazu zählt neben der hohen ökologischen Qualität der Materialien eine Erdwärmeheizung mit Lüftungssystem sowie eine Solaranlage zur Warmwasserbereitung auf dem Dach. Eine Fotovoltaikanlage ist vorgesehen und kann jederzeit nachgerüstet werden."

Dieses Bauwerk zeigt in besonderer Weise, wie klug die Architekten mit der hier ländlich und auch landwirtschaftlich geprägten Situation des Grundstücks umgegangen sind – das elegante Gebäude symbolisiert, wie geradezu freundschaftlich eine zeitgenössische Architektur auftreten kann, die mit dem eigentlichen Areal, der Natur, den bäuerlichen Traditionen, die hier in unmittelbarer Nachbarschaft gelebt werden, respektvoll und doch maßstabsetzend umgeht. Es ist die Eleganz der sympathischen Zurückhaltung, die die Akzeptanz auf ihre eigene, der k_m architektur gemäßen Form der Nachbarschaft anbietet und den Auftraggebern die Referenz eines gebauten Kunstwerks bietet. Das ist der Maßstab, an dem sich eine außergewöhnliche Architektur messen lassen muss.

links Die Südfassade besticht durch das Spiel der Proportionen und gestischen Überschneidungen mit dem Betonbügel als Klammer zwischen Garagen- und Wohntrakt.

rechte Seite oben Die geschützte Eingangssituation unter dem auskragenden Obergeschoss. Die Erschließung erfolgt von der Garagenebene über eine einläufige Treppe.

rechte Seite unten Das gesamte Obergeschoss verfügt über einen umlaufenden Außenbereich, mal Balkon, mal Terrasse. Auch die Kupferfassade fasst das Obergeschoss als Attika, ein Schmuckelement, das die Fassadenwirkung in ihrer Eleganz ganz selbstverständlich unterstützt.

oben Ein von den Architekten gern verwendetes Motiv: der Kaminblock als Raumteiler zwischen dem reinen Wohntrakt und der offenen Küche mit dem Essbereich – der Durchblick über das gesamte Geschoss bleibt so in seiner eleganten Großzügigkeit wahrnehmbar.

unten links Von der Küche aus ist der gesamte Obergeschossbereich überschaubar, und doch trennt der Kaminblock atmosphärisch die unterschiedlichen Raumbereiche. Die architektonische Formensprache will hier nicht dominieren, und doch formt sich alles zu einem stimmigen Ganzen.

unten Man versteht den puristisch gedachten Essbereich nur, wenn man sich den Außenraum mit seinen Blickbezügen hinzudenkt: den eigenen Garten, den Poolbereich und dann in der Ferne die fantastische Bergwelt.

oben Die Grundstücke hier inmitten von Weingärten und den Bergketten im weiten Hintergrund vertragen nur zu gut eine eher nüchterne Innenarchitektur. Aber gerade diese Zurückhaltung schafft die so willkommene Konzentration auf den Innenraum – besonders im Winter – und das bezaubernde Gefühl, einem sich stets verändernden, natürlichen Diorama der Natur ausgesetzt zu sein – geschützt durch eine überzeugend elegante architektonische Hülle.

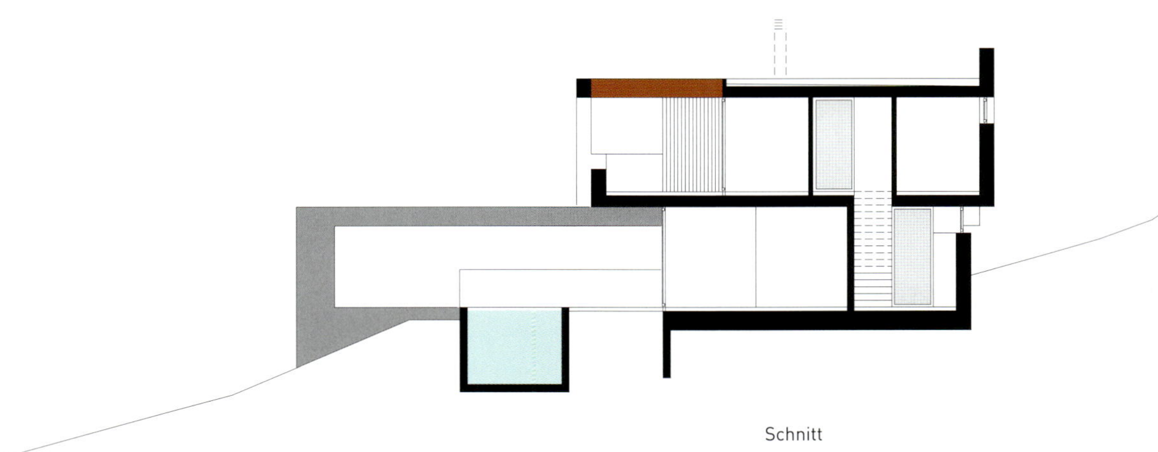

Schnitt

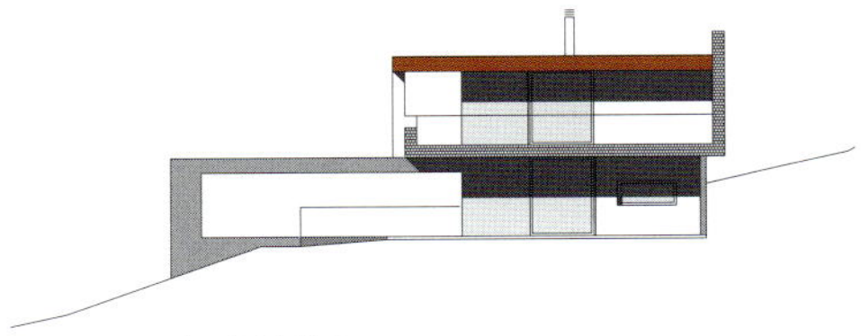

Ansicht Ost

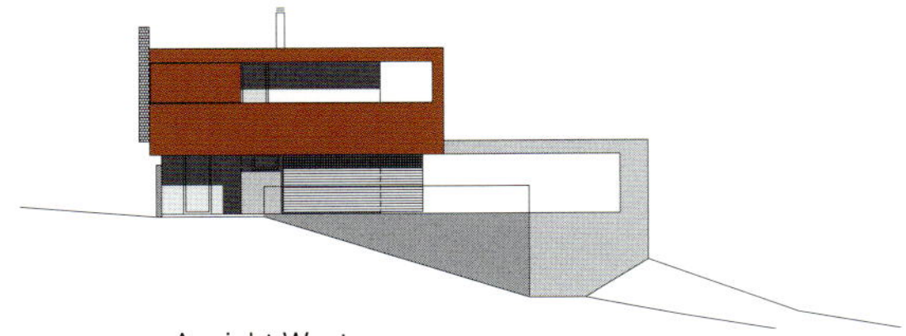

Ansicht West

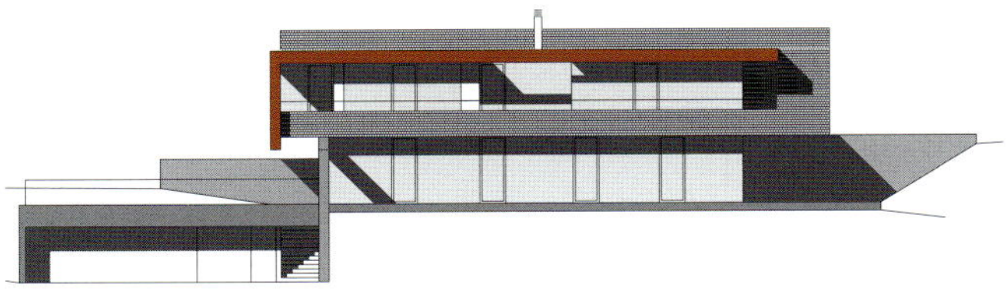

Ansicht Süd

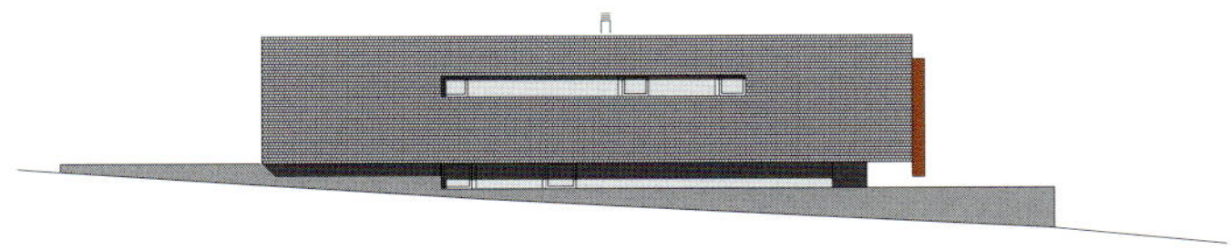

Ansicht Nord

Projektdaten

Grundstücksgröße: 1219 m²
Wohnfläche: 251 m²
Bauzeit: April 2012 bis Mai 2013
Grundstücksituation: leicht abfallendes Grundstück mit Panoramablick
Spezifischer Wärmebedarf: 35 kWh/m²a
Heizsystem: Erdwärme mit Be- und Entlüftung + Solar
Anzahl der Bewohner: 3–4 Personen

k_m architektur
Arch. DI Daniel Sauter
Glockengieße 2
A-6900 Bregenz

Haldenstrasse 12
CH-9436 Balgach
www.k-m-architektur.com

Fotos: Architekten

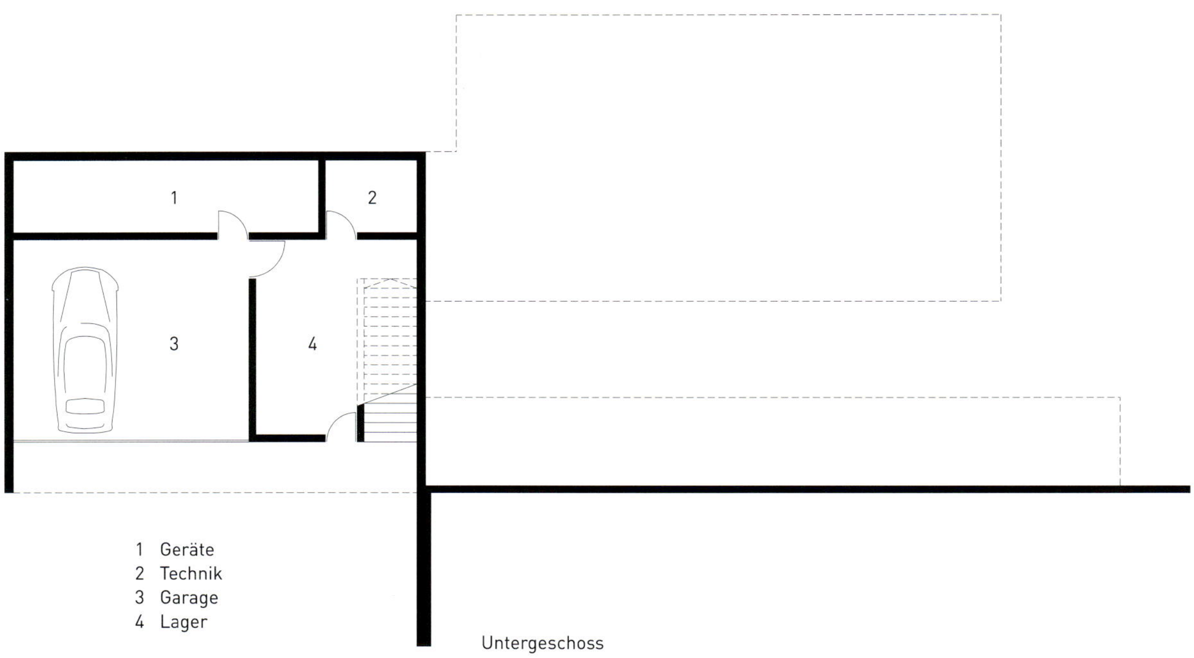

1 Geräte
2 Technik
3 Garage
4 Lager

Untergeschoss

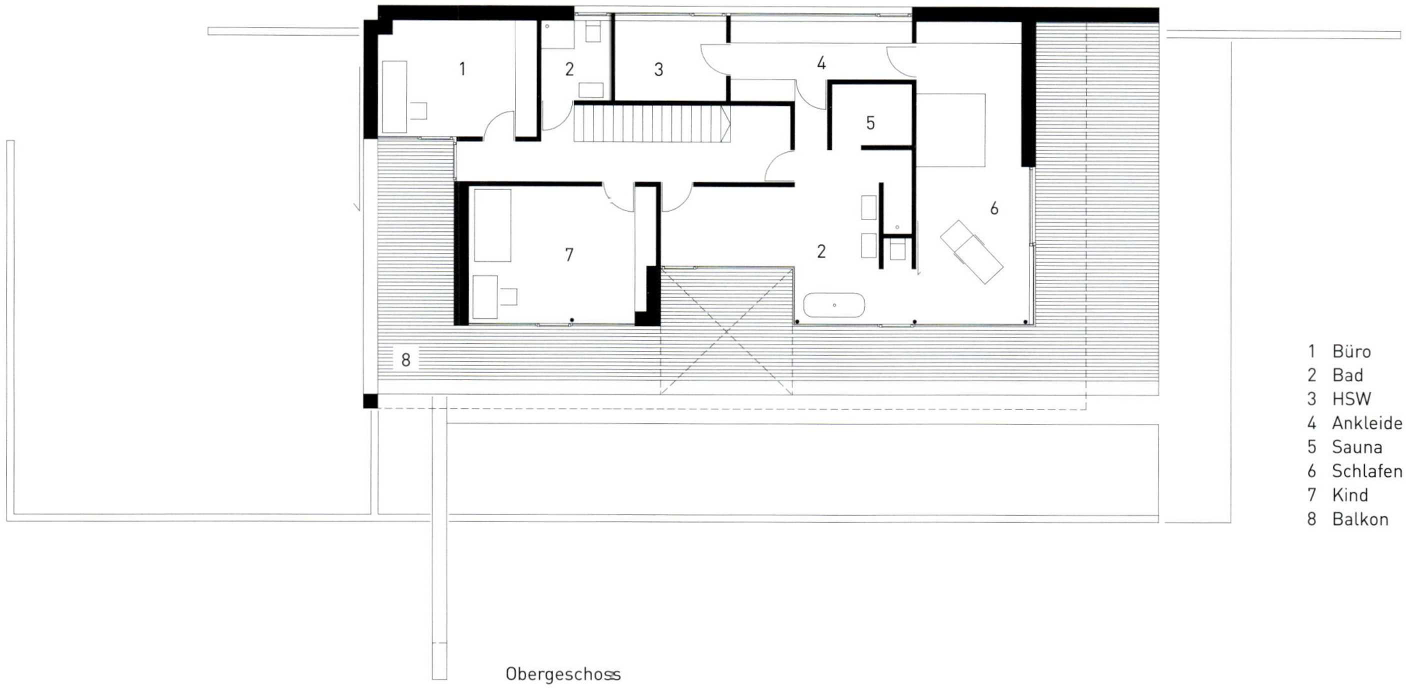

Obergeschoss

1 Büro
2 Bad
3 HSW
4 Ankleide
5 Sauna
6 Schlafen
7 Kind
8 Balkon

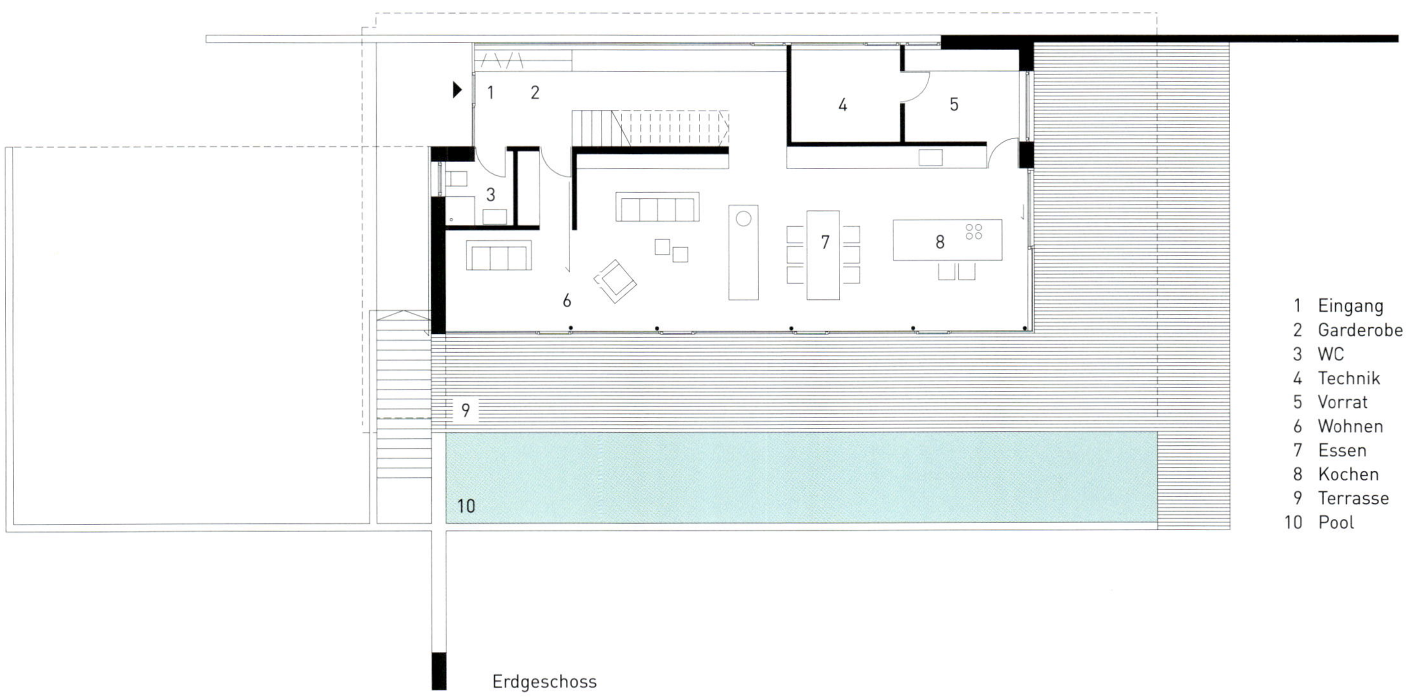

Erdgeschoss

1 Eingang
2 Garderobe
3 WC
4 Technik
5 Vorrat
6 Wohnen
7 Essen
8 Kochen
9 Terrasse
10 Pool

ACHITEKTONISCHE PRÄGNANZ WIDER DEN MAINSTREAM

PETRA UND PAUL KAHLFELDT, BERLIN

Das Handwerkszeug des Architekten ist der Bauplan, davor stehen die Skizzen und irgendwann, ist der Planungsprozess abgeschlossen, gibt es – wenn die Auftraggeber so etwas zu schätzen wissen – auch noch eine empathisch ausgeführte Architekturzeichnung, die das Projekt in seiner späteren athmosphärischen Wirkung kongenial vorwegnimmt. Die Architekten Kahlfeldt, die dieses Projekt in München gebaut haben, sind geradezu Meister solcher Präsentationszeichnungen, die in ihrem Bedeutungsgehalt sehr viel eindrucksvoller sind als jeder Text. Und dennoch bedarf der Betrachter narürlich einiger erklärender Worte, um die hier gezeigte Entwurfsidee schnell und prägnant erfassen zu können. Die Architekten beschreiben dieses Haus auf ihre typisch Berliner Art kurz und knapp:

„Ein klassisch nobler Bau mit Mittenbetonung auf einem großzügigen Grundstück in München. Ein zweigeschossiger Portikus mit vier ionischen Säulen aus Sandstein markiert den Eingang.

Die Fenster aus dunklem Eichenholz sind durch eine Sandsteineinfassung von der glatten Putzfläche abgesetzt. Das Dach ist umlaufend geneigt und mit Eifelschiefer eingedeckt. Der Postaer Sandstein (Elbsandstein) findet sich als gestaltendes Element in unterschiedlichsten Motiven rund um das Haus wieder.

Um eine zweigeschossige zentrale Halle gruppieren sich die Räume des Hauses. Im Erdgeschoss in der Mittelachse befindet sich das Esszimmer, ein Wohnzimmer mit Wintergarten schließt dort an.

Im Oberschoss sind die Schlafzimmer und die dazugehörigen Nebenräume angeordnet.

Welch gestalterische Opulenz, welche Kennerschaft. Hier liegt die überbordende Eleganz in dem gestisch ausgeformten Gesamtensemble – und dann natürlich in jedem Detail, das dieses Villenanwesen zu einem architektonischen Meisterwerk macht.

Neben der Halle führt versteckt ein separates Treppenhaus unter das Dach in einen Gäste- und Hobbybereich: Eine weitere Treppe erschließt das Kellergeschoss mit einer Tiefgarage und den üblichen Nebenflächen.

Auf der Gartenseite schließt ein beheizter Außenpool an das Haus an, entlang des Pools verbindet eine Säulenlinie aus dorischen Säulen und eine hölzerne Pergola das Haupthaus mit dem Poolhaus."

Jeder Baustil verfügt über das Potenzial der Eleganz, aber der Grat einer wirklich überzeugenden Eleganz ist sehr, sehr schmal und abhängig davon, wie sich eine Architektur von der Großform bis ins Detail schlüssig deklinieren lässt – ein einziger Fehler und die Aura der Eleganz ist dahin. Dieses Haus sollte man sich daher wie einen Schatzkasten erschließen, der unendlich viele formale und atmosphärische Überraschungsmomente bereithält – oder: wahre Eleganz verliert trotz aller architektonischer Moden und Trends nie ihre beglückende Botschaft.

oben Die Eingangsfassade ist ein baukünstlerisch elegantes Unikat und lässt durchaus Assoziationen zu den Villen Palladios zu.

rechts Das Poolhaus hat den Anspruch eines Belvedere – welch gelungener Abschluss des Grundstücks, welcher Blickfang!

linke Seite Diese Seitenansicht zeigt, wie man den Begriff Fassade – Gesicht! – mit Inhalten füllen kann. In architektonischer Verwandtschaft zur Fassade der Biblioteca Laurenziana in Florenz verdient sie Beachtung.

links Die Treppe ins Dachgeschoss nimmt die gestalterischen Motive der großen Freitreppe im Erdgeschoss auf. Ebenso die Wandgestaltung und den Bodenbelag in stimmiger Eleganz auf allen Ebenen – nicht nur im Wortsinne.

rechte Seite beide Die große Halle bietet dem Auge das, was schon fast verloren geglaubt wurde: die architektonische Durchdringung aller Elemente – Raum, Treppe, Balustrade, Wandverkleidungen, Boden – zu einem prachtvollen Kunstwerk. Bei einer solchen Könnerschaft fällt einem natürlich die Pracht der Villen besonders in England aus der Baugeschichte ein, ein Glücksfall daher, dass diese Architekten in Berlin auch über eine derart komplexe Könnerschaft verfügen.

Projektdaten

Grundstücksgröße: 1700 m²
Wohnfläche: 480 m²
Zusätzliche Nutzfläche: 380 m²
Planungsbeginn: September 2011
Fertigstellung: Oktober 2013

Petra und Paul Kahlfeldt
Architekten Partnerschaftsgesellschaft
Kurfürstendamm 58
10707 Berlin
mail@kahlfeldt-architekten.de
www.kahlfeldt-architekten.de

Fotos: Stefan Müller, Berlin

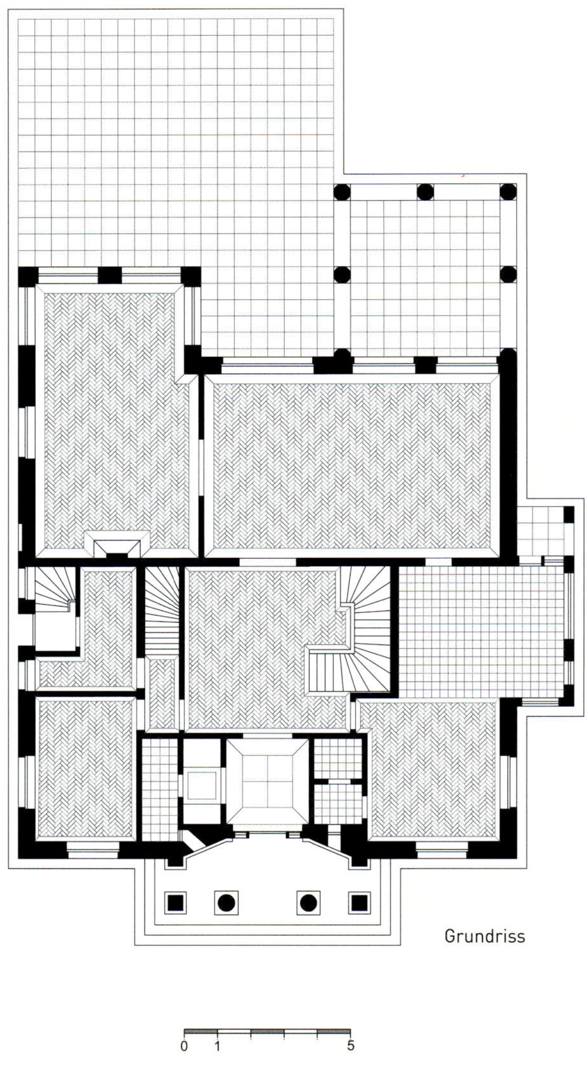

Grundriss

BESTÄNDIG, INNOVATIV, ELEGANT

TOBIAS KLODT, ESSEN

Bedarf es schon einer erfahrenen Kennerschaft, sich elegant zu kleiden oder gar sich so im Leben einzurichten, dass die Mitwelt anerkennend von einer eleganten Erscheinung spricht, so sind hierbei die notwendigen Parameter doch über die Zeit oder durch gute Modeberater mit dem genannten Anspruch nicht allzu schwer umzusetzen – und das sogar bei einem überschaubaren finanziellen Budget. Beim Bauen ist die Situation unter einem Aspekt vergleichbar: Eleganz ist auch nicht unbedingt vom Budget abhängig. Jeder gute Architekt weiß das, aber nur die wenigsten können dann den Anspruch nach Eleganz auch umsetzen. Ein Gebäude, dessen weiße Putzfassade an das umgebende Erdreich angrenzt, kann niemals den Anspruch an Eleganz erfüllen, ebenso sieht es mit dem Gebäudeabschluss aus: jedes gekantete Profil – Aluminium! – als Abschluss von der Wand zum Dach wirkt plump – die Beispiele sind Legion, aber sie werden immer noch mit Fleiß detailiert. Nur entsteht so eben niemals gebaute Eleganz.

Wer sich als Auftraggeber allerdings einmal bereit erklärt, seinen Architekten freie Hand in der Detailierung des Baukörpers, der Fassade und der Innenarchitektur zu lassen, nur der wird mit dem Delta Plus an architektonischer Kennerschaft belohnt oder, wie im Falle dieses Projekts, mit der brillanten Eleganz der Könnerschaft. Hier der Erläuterungsbericht des Architekten:

„Wenige Gehminuten vom Folkwangmuseum in Essen entfernt, fügt sich das 2012 fertiggestellte Gebäude selbstbewusst und doch respektvoll in die bestehende städtebauliche Struktur. Form und Größe sind auf die besonderen

Gekonnt reagiert der Entwurf auf die Ecksituation der Straße. Von hier aus werden die beiden Wohneinheiten erschlossen – subtil differenziert in der Wertigkeit. Auch wenn das Gebäude die Kubatur der Nachbarn aufnimmt, so zeigt es doch entschlossen das Gesicht der Gegenwart – bis ins Detail und der Materialwahl.

Bedürfnisse der Bewohner zugeschnitten: Drei Generationen leben und arbeiten hier gemeinsam. Die Grundrissorganisation zeichnet sich durch offene Raumfolgen aus. Eine sorgsame Materialwahl, individuell geplante Einbauten und großzügige Öffnungen zum Außenraum sind Teil des Konzepts. Dabei konnte trotz des schwierigen städtebaulichen Umfelds in direkter Nähe zu einer Bundesstraße ein belebender Beitrag zum Quartier entstehen.

Ziel war es, ein Gebäude zu entwerfen, das seine Ästhetik jenseits einer dekorativen Ornamentik in einer klaren Volumetrie und einer sich präzise aus den Bauteilen und ihren Berührungspunkten entwickelnden Detailgenauigkeit generiert. In enger Zusammenarbeit mit den Bauherren gelang es, eine konsequent klare Formensprache umzusetzen und gleichzeitig einen präzise auf die Bedürfnisse der Bauherren reagierenden Wohnbau zu schaffen. Die offene Küche fungiert dabei als Dreh- und Angelpunkt an der Schnittstelle von Wohnen und Arbeiten auf den drei Ebenen und dient als Ort der Begegnung. Die klaren kubischen Formen der Gebäudehülle setzen sich im Innern in der sorgfältigen Ausarbeitung bis in die Details der Einbaumöbel fort, die auch im kleinen Maßstab immer wieder als Teil des Ganzen verstanden und in ihrer Eleganz erlebbar werden.

Die Einbeziehung des Außenraums über großzügige Langfenster im Überformat und schwellenlose Übergänge trägt atmosphärisch in besonderer Weise zur Großzügigkeit der Räume und der inszenierten Blickachsen bei – neben dem über großflächige Öffnungen einfallenden Tageslicht. Im Sinne eines Raumkontinuums wurde auf Stürze und Wandvorsprünge verzichtet, so dass die Innenräume optisch stets ihre atmosphärische Erweiterung im angrenzenden Außenraum erfahren. In den Abendstunden schaffen sowohl punktuell als auch linear angeordnete dezente Leuchten eine warme, stimmungsvolle Innenraumatmosphäre.

Das Gebäudevolumen wird durch den Aufbau eines dunklen, steinernen Sockels und dem sich darüber erhebenden weißen Putzbau gegliedert und durch die optisch scharfkantigen Brüstungsbänder in seiner Horizontalität betont. Im spannungsvollen Kontrast zu der präzise ausgeformten geometrischen Kubatur des äußeren Gebäudekörpers steht die samtig körnige Haptik der im Innenraum verarbeiteten Materialien. Innenwände und Decken sind in tuchmattem, weißem Kalkputz ausgeführt. Als Bodenbelag dient weiß geöltes und gebürstetes Eichenparkett.

Das architektonische Konzept von Raumfolgen ohne definierte Grenzen als Raumkontinuum vermitteln neben den durchgängig weißen Wänden ohne Sockel und Fußleisten besonders auch der naht- und fugenlos verlegte Bodenbelag. Das besondere Augenmerk der Planung galt der Ausformung minimalistischer Ausbaudetails: raumhohe Türen, Schattenfugen anstelle von Abdeck- und Sockelleisten, indirektes Licht und verdeckt liegende Zu- und Abluftauslässe.

Es ist ein Haus entstanden, das energetisch nachhaltig ist, ohne diesen Anspruch auf solarthermische Anlagen zu reduzieren. Die gibt es zwar auch, sie sind aber in ein Gesamtkonzept aus hohem Dämmstandard auf Passivhausniveau, einer hocheffizienten Lüftungsanlage und einer Heizungs- und Warmwasserbereitung, die sich auf die Nutzung von Umweltenergie und die Rückgewinnung von Wärme stützt, eingebunden. Teil des Nachhaltigkeitskonzepts ist auch der Gebrauch von Materialien mit hoher Lebensdauer. Die natürliche Patina der Oberflächen – außen wie innen – lässt eine ganz selbstverständliche Alterung in Würde zu."

Dieser realisierte Entwurf zeigt seine großen Stärken in einer bewusst gewählten Beiläufigkeit – ein Kompliment, das ich immer dann vergebe, wenn die Architekten es schaffen, an einem spezifischen und dabei schwierigen Umfeld eine bauliche Lösung anzubieten, die das umgebende Quartier stabilisiert und im besten Falle auch aufwertet, oder wie

links Die Frontalansicht der Eingangsfassade zeigt, wie elegant der Architekt mit der Addition der Kuben umgegangen ist und wie er die Baumasse optisch über die gesamte Grundstücksbreite streckt, sodass ein eindrucksvolles Ensemble auf begrenzter Fläche entsteht.

rechte Seite Die Terrasse im Dachgeschoss vor der Bibliothek mit dem in der Nische eingebetteten Außenkamin – ein perfekter Rückzugsort zum Lesen.

es der Architekt Peter Zumthor einmal so poetisch treffend formuliert hat: „... dass auch an einem dunklen, trüben Tag Licht entsteht“ – das Licht also des beglückenden Anblicks einer Architektur, die das Auge des Betrachters erfreut. Und dabei darf es niemals um inszenierte Effekte gehen – die seien bitte der eleganten (!) Mode vorbehalten. Architektur dagegen vertritt einen ganz anderen Anspruch, den der absoluten Form- und Gebrauchsverlässlichkeit, der Würde und einer das Auge des Betrachters erfreuenden Bildhaftigkeit.

Ja, dieser Bau erfüllt diese Kriterien – und darüber hinaus den des geschmacksprägenden, eleganten Auftritts. Weniger sollte es niemals sein – nur mit geteilter Leiden-

oben Die Überecksituation von Speisezimmer und großem Wohntrakt. Die Kochinsel lässt die dort am Herd Agierenden am Geschehen teilnehmen. Vom Wohnraum ist die Küche nicht einsehbar, wobei der überhöhte Tresen bewusst als Blickfang dient.

rechts Im Grundriss sieht man die geschickte Anordnung des Tresens: er ist vom Wohn- wie vom Essgeschehen ausreichend weit entfernt und vermeidet so die sonst typische Küchenatmosphäre bei offenen Grundrissen.

linke Seite unten Der Blick hinter die Kulissen des Küchengeschehens mit großflächig bemessenen Arbeitsplatten.

Projektdaten

Grundstückgröße: 509 m²
Wohnfläche: 349,1 m²
Nutzfläche: 48,8 m²
Umbauter Raum: 1467m³
Planungsbeginn: Februar 2010
Baubeginn: August 2010
Fertigstellung: April 2012
Konstruktion Heizung: Wärmepumpe für Warmwasser und Heizung, unterstützt durch 6 thermische Solarkollektoren und einem Konzept zur Wärmerückgewinnung u.a. der Fahrzeugabwärme in der Garage
Konstruktion Besonderheiten: Entwicklung und Anwendung von scharfkantigen, ohne Abdeckbleche auskommenden, innenentwässernden Details bei Attiken, Brüstungen und Fensterbänken
Heizwärmebedarf: 47,81 kWh/m²a
Primärenergiebedarf: 47,50 kWh/m²a

Dipl.-Ing. Architekt Tobias Klodt
Architektur- und Planungsbüro
Am Ruhrstein 64
45133 Essen
klodt@studiofuerarchitektur.com

Fotos: Die Photodesigner, Berlin

schaft zwischen Auftraggebern und Architekten entsteht eine solche sprechende Architektur – also das biografisch geprägte Unikat. Wer in diesem Sinne vorgeht, wird mit guter Architektur belohnt – der durchaus in jeder Hinsicht fordernde Prozess der Planung und des Baugeschehens gehören nun einmal dazu. Aber ist die tägliche Freude an einem solchen Unikat nicht jede Mühe wert?

So stellt sich der Raumeindruck des Wohn- und Medientrakts vom Küchentresen dar – die Dominananz großzügiger Eleganz, die jede Form der Möblierung zulässt.

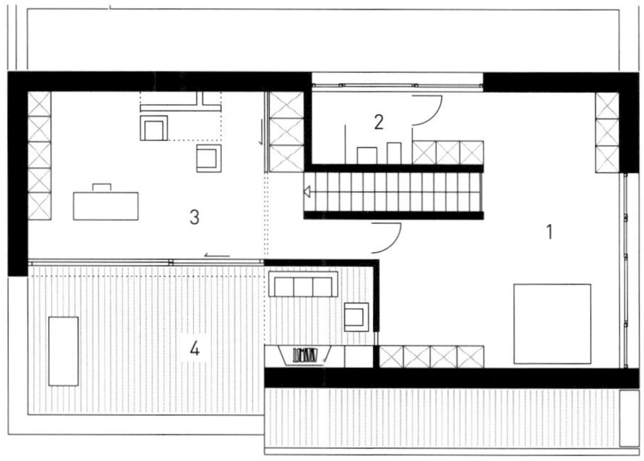

1 Gast
2 Bad
3 Bibliothek
4 Terrasse

Dachgeschoss

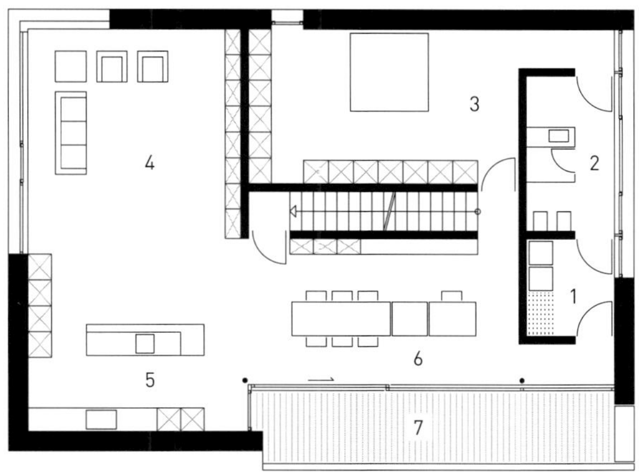

1 HWR
2 Bad
3 Zimmer
4 Wohnen
5 Kochen
6 Essen
7 Südbalkon

Gartengeschoss

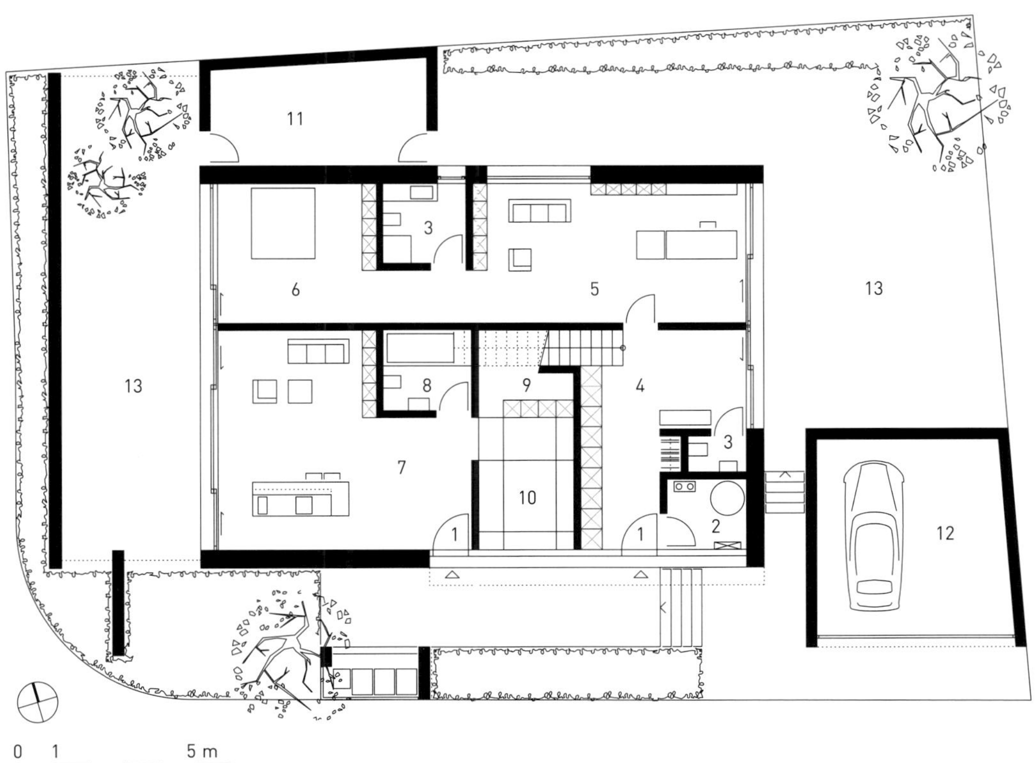

1 Eingang
2 Technik
3 WC/Dusche
4 Entrée
5 Arbeiten
6 Gast
7 Einlieger
8 Bad
9 Kammer
10 Schlafen
11 Abstellraum
12 Garage
13 Garten

Erdgeschoss

ELEGANTER GENIESTREICH – EIN NACH-BAUHAUSKLASSIKER

STEPHAN MARIA LANG, MÜNCHEN

Wie gern greifen Architekten bei ihren Entwürfen auf das Bauhaus zurück, aber wie selten lösen sie das Credo der Avantgarde der Baugeschichte ein und beschränken sich auf das grobmaschige Verständnis von rechtem Winkel, Flachdach und weiß geputzter Fassade – vom urspünglichen Geist des Bauhauses ist da meist wenig zu spüren.

Wer dagegen bis heute wirklich in den intellektuell-ästhetischen Dimensionen der Bauhausgründer denkt und entwirft, hat etwas ganz anderes im Sinn: die architekturgeschichtliche Fortschreibung einer Geisteshaltung, die auch weiterhin den formalen Anspruch der Avantgarde im Sinne ganz neuer Impulse hat, um diese dann handwerklich präzise auszuführen, eben so, wie es die vielen Ikonen der Bauhausarchitektur als internationaler Stil belegen. Sie dienen als historischer Qualitätsmaßstab, an denen sich die Bauten heute messen lassen müssen. Das hier vorgestellte Projekt löst die Maximen des Bauhauses mühelos ein – wie so viele Villenbauten dieses Architekturbüros, das immer wieder Projekte realisiert, die stets die Prädikate elegant und genialisch nahezu spielerisch einlösen. Dass einer solch scheinbaren Leichtigkeit im Umgang mit Architektur und ihrer Wirkung als Bauwerk ein Höchstmaß an Erfahrung und Tiefenarbeit vorausgeht, wird nur zu oft übersehen, ja, der Begriff Bauhaus wird werbewirksam gerade von denen missbraucht, die sich in besonderer Weise am Qualitätsanspruch des Bauhauses vergehen.

Elegantes Wohnen in Vollendung: rechts der Küchenhof mit eigenem Außensitzplatz weist bewusst gestalterische Zurückhaltung auf, während sich hinter der dekorativen Betonscheibe der private Wohnbereich befindet – eingebettet in eine dekorativ-üppige Gartengestaltung. Es ist müßig, hier über Pflegeleichtigkeit zu sinnieren – Pflege ist Bestandteil der Lebensart.

Hier nun die Projektbeschreibung des Architekten:

„Der Inbegriff des Raums: ist etwas, das geschieht, wenn der Raum mühelos fließt. Alles ist im Fluss, im übertragenenen Sinne im Fluss der Zeiten und Stile.

Die vier relativ jungen Partner eines erfolgreichen Unternehmens leisten sich gleichzeitig einen neuen Privatwohnsitz und gehen mit vier unterschiedlichen Architekten das Vorhaben an.

‚Mein Haus hat vielleicht nicht den großen Auftritt. Was mir aber am besten von allen gefällt, ist der fließende Übergang des Wohnens im Zusammenhang mit dem Garten', lobt der Bauherr. ‚Die Unkompliziertheit der großen Wohnküche mit riesigem überdachtem Freisitz am Wasser. Die ganzjährig blühenden Staudenrabatten, die direkt an die Wohnzimmerfenster gehen.'

Das Haus versteckt sich hinter einer 7 Meter hohen, 28 Meter langen weißen Wand. Ein vorgelagerter kupferner Garagenbaukörper mit dezent kaschiertem Anlieferungs-Nebeneingang markiert eine halböffentliche gepflasterte Vorfahrt. Ein 5 Meter breiter Gräserstreifen mit drei Kiefern vermittelt zur Straße und bindet das Projekt in den angrenzenden Kiefernwald ein. Lediglich das Entree wird durch einen zweigeschossigen, verglasten Luftraum definiert und baut Spannung auf, was den Besucher wohl hinter der verdeckt liegenden Eingangstüre erwarten wird. Im zweigeschossigen Entree öffnet sich der Blick zum von Gabriele Pape großzügig herrschaftlich gestalteten Gartenraum. Der rechts nach Westen angrenzende Wohn- und Arbeitsbereich ist vollständig in Blumenrabatten eingebettet.

Über die dezent verdeckte Treppe erschließt sich im Obergeschoss der Elternschlafbereich und der über eine Brücke separierte Kindertrakt. Im großzügig belichteten Untergeschoss befinden sich Gäste- und Konferenzzimmer, Wellness-Bereich und Technikräume.

Die Beschränkung, sämtliche Böden, Einbauten und Fenster in geölter Eiche als klassischem Material auszuführen im Wechsel mit weißen, matt lackierten Oberflächen für Einbauten, Küche, Türen und die hochwertig gespachtelten Marmorputzwände, assoziieren gründerzeitliche Großzügigkeit. Zwei Innenkamine, ein Außenkamin, der Saunabereich und die Bäder in geschliffenem Muschelkalk sind das einzig weitere Material im Haus.

Durch die L-Form wird der private Gartenraum in einen ostbesonnten Nutz-/Küchengarten und einen westbesonnten, am klassischen englischen Vorbild orientierten Staudengarten unterteilt. Im Schnittpunkt (goldener Schnitt) reflektiert der Pool sein Licht in den direkt angrenzenden, großzügig überdachten, windgeschützten Außensitzplatz mit Kamin.

Eine Grundwasser-Wärmepumpe wird durch solare Heizungselemente unterstützt, ein Wärmespeicher wird zwischen Quellenseite der Wärmepumpe und Solarkollektor geschaltet. Der Solarkollektor erhöht die Temperatur des Quelleneintritts und es steigt die Leistungszahl der Wärmepumpe. Zum Solarkollektor strömt relativ kaltes Wasser,

rechte Seite oben Der anheimelnde kleine Terrassenbereich mit üppiger Bepflanzung vor dem Speisezimmer, den man bereits beim Betreten des Hauses als Vordergrund der Gartenanlage wahrnimmt.

rechte Seite unten Der große Freisitz mit Außenkamin vor der Küche.

unten beide Die Ecksituation aus Freisitz mit Außenkamin und der Brunnenwand, die den Pool einfasst – eine perfekte Inszenierung aus optischen Eindrücken und dem Klangbild des Brunnens.

wodurch auch dessen Wirkungsgrad und Nutzungsdauer gesteigert wird. Zusätzlich wird das Wasser des Swimmingpools durch die Kollektoren erwärmt und als Puffer zur Temperaturanhebung der Quellenseite herangezogen. Betonkernaktivierung zur Temperierung und Kühlung der Schlafräume im Sommer. Zentrale Wohnraumlüftung mit Wärmerückgewinnung.

Es war mein Wunsch, ein gelassenes und doch großes Haus zu schaffen, das in Würde Patina ansetzen kann und flexibel auf unterschiedliche Nutzungsbedürfnisse reagierend zum unaufgeregten Klassiker heranreift."

Als Herausgeber dieses Buchs erlaube ich mir den Entwurfsverfasser zu korrigieren: die formalen, genialisch-elegant eingesetzten Spannungsmomente dieser Architektur sind von einer ausgeprägten Strahlkraft in der Wirkung und werden für jeden Architekturenthusiasten in der Betrachtung die sprichwörtliche Aufregung erzeugen: Hier stehe ich vor einem außergewöhnlichen, absolut originären Meisterwerk mit großer, auf Dauer angelegten Strahlkraft – dieses Haus ist wieder etwas ganz Besonderes.

rechts Es ist dies die großzügige Eleganz amerikanischer Anwesen, die so besticht – das gestalterische Motiv ist die weite Großzügigkeit, die hier vom Entree bis in die Tiefe des Arbeitszimmers reicht.

unten Der Koch-/Essbereich setzt auf eine familiäre Atmosphäre, wo auch der eingelassene Kamin nicht fehlen darf – das perfekte räumliche Kontrastprogramm zur großzügigen Weite des Wohntrakts.

Projektdaten

Grundstückgröße: 2500 m²
Wohnfläche: 262 m²
Keller: 140 m²
Nutzfläche: 390 m²
Umbauter Raum: 3490 m³
Planungsbeginn: 2009
Baubeginn: 2010
Fertigstellung: 2011
Konstruktion/Besonderheiten: Wärmegedämmter Stahlbetonbau

Stephan Maria Lang
Design Associates GmbH
Winterstraße 4
81543 München
www.design-associates.de

Fotos: Hans Kreye, Starnberg; Viewtopia, Starnberg

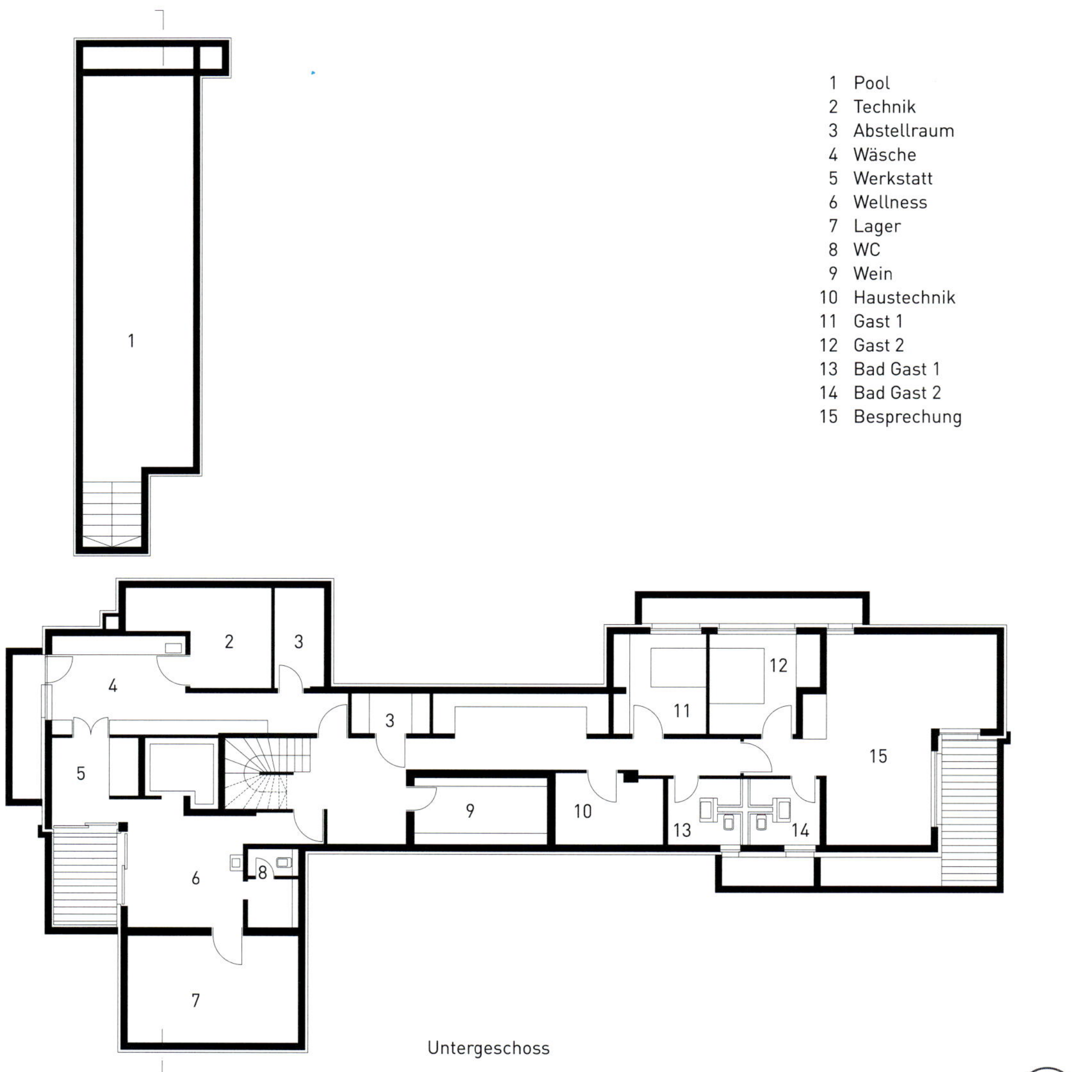

1 Pool
2 Technik
3 Abstellraum
4 Wäsche
5 Werkstatt
6 Wellness
7 Lager
8 WC
9 Wein
10 Haustechnik
11 Gast 1
12 Gast 2
13 Bad Gast 1
14 Bad Gast 2
15 Besprechung

Untergeschoss

rechts Die Vorfahrt mit Eingang und Garage, die über einen direkten Zugang zum Küchentrakt verfügt.

linke Seite Der gepflasterte Hof, der zum Eingang führt und bei geöffneter Tür einen fantastischen Blick in die Tiefe des Gartens erlaubt – welch ein Überraschungsmoment!

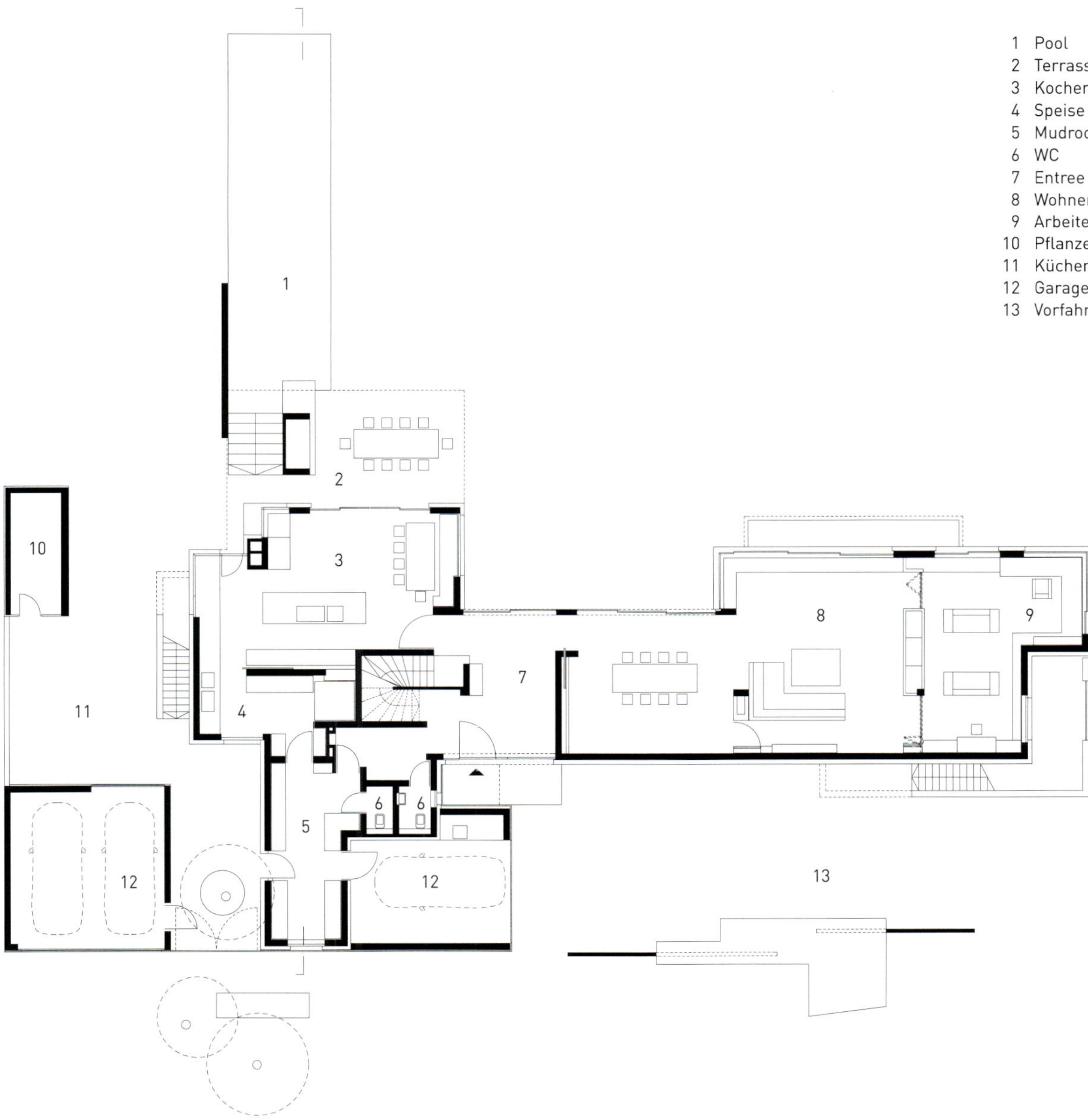

1 Pool
2 Terrasse
3 Kochen/Essen
4 Speise
5 Mudroom
6 WC
7 Entree
8 Wohnen
9 Arbeiten
10 Pflanzenhaus
11 Küchenhof
12 Garage
13 Vorfahrt

Erdgeschoss

Natürlich ist für eine solche Gebäudeanlage ein entsprechendes Grundstück unverzichtbar, aber man muss es auch dramaturgisch entsprechend in Szene setzen. Hier ist tatsächlich jede Fläche gärtnerisch perfekt gestaltet – nur so kann sich dieser prächtige Eindruck aus Architektur und Gartenlandschaft einstellen. Einfach perfekt!

1 Schlafen
2 Bad
3 Ankleide
4 Arbeiten
5 WC
6 Luftraum
7 Kind 1
8 Kind 2
9 Balkon

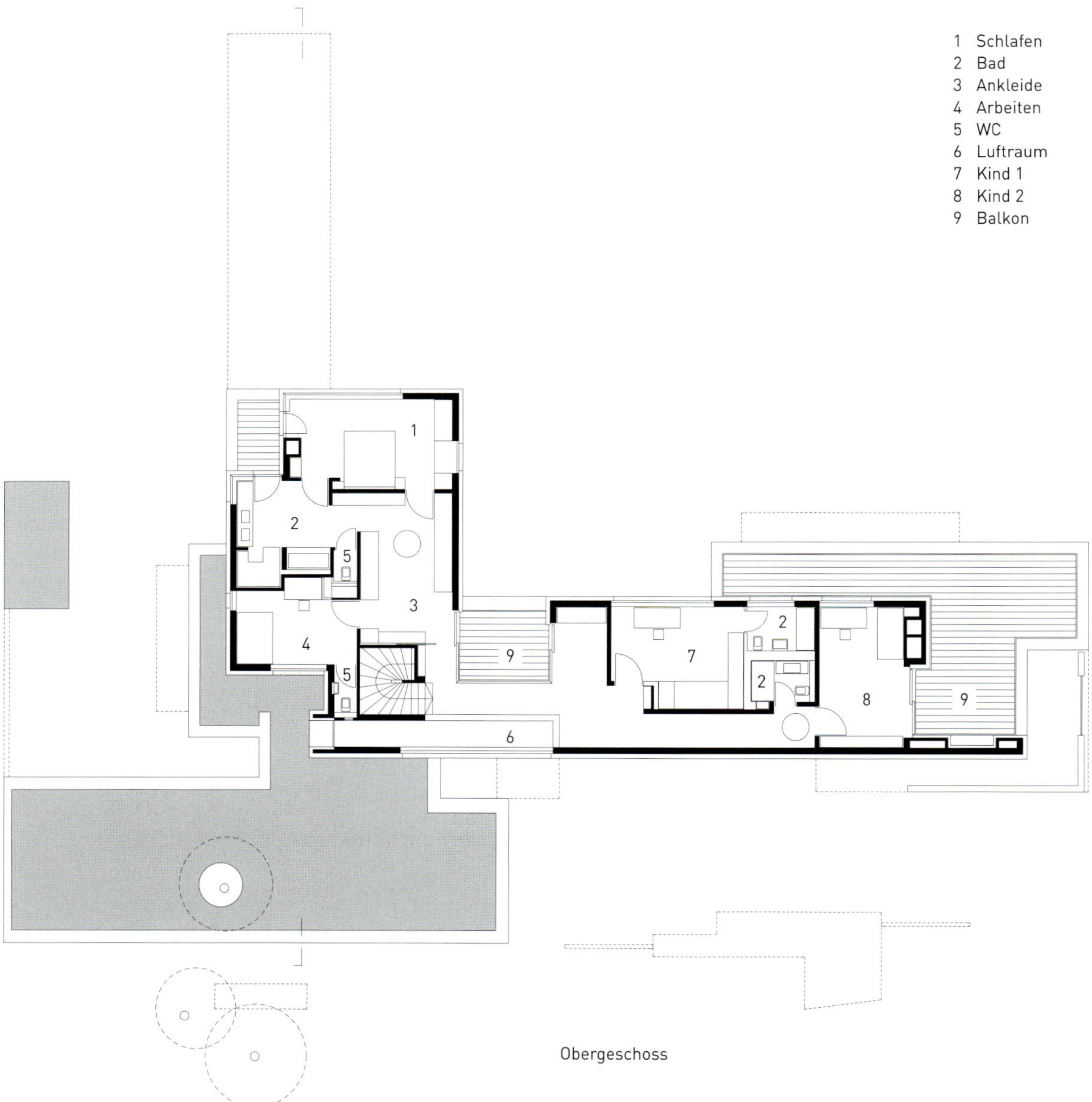

Obergeschoss

SPACE FLOW

GROUND FLOOR

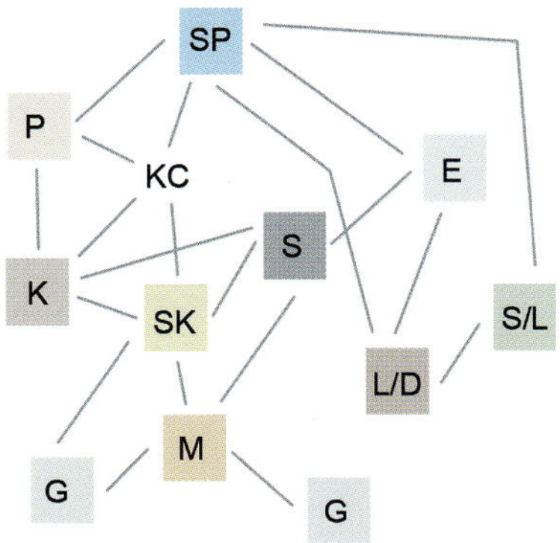

SECOND FLOOR

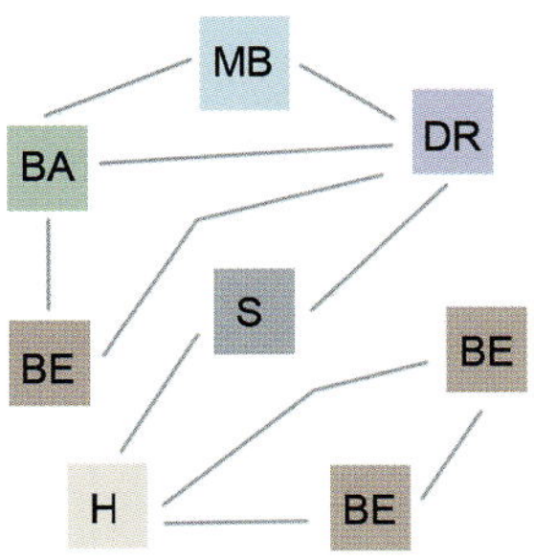

ARTICULATION

GROUND FLOOR

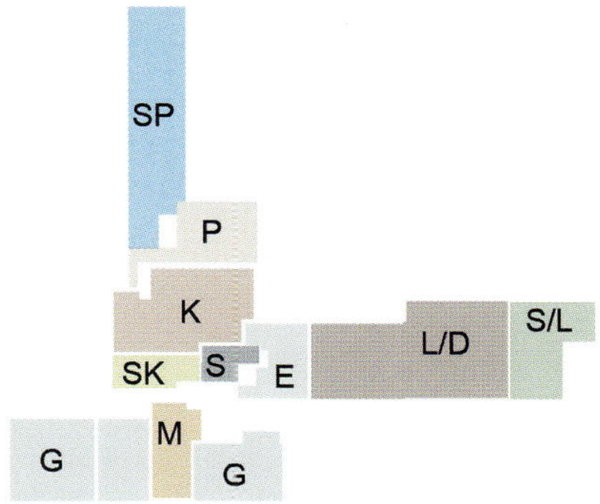

SECOND FLOOR

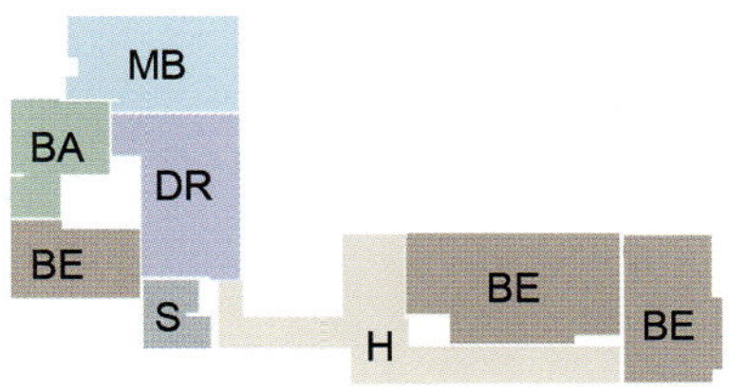

SITE CONNECTION

AXONOMETRY

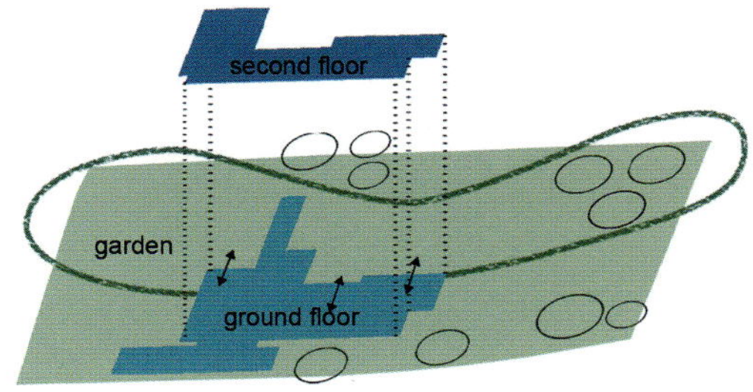

SKETCH

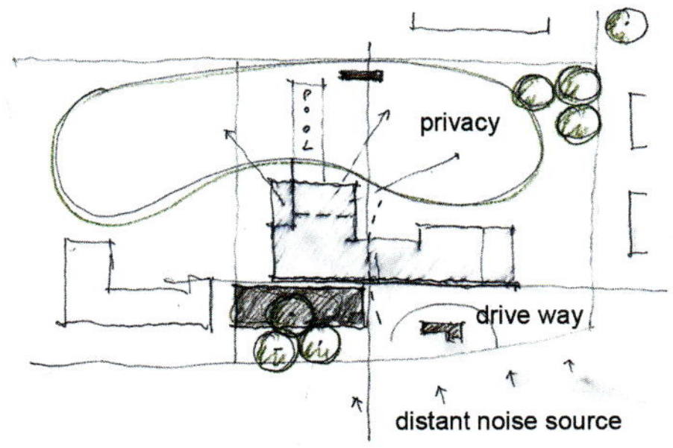

K	Kitchen	BA	Bathroom	G	Garage	SK	Second Kitchen	S	Stair	L/D	Living/Dining Room	MB	Master Bedroom	g	garden
S/L	Study/Library	SP	Swimming Pool	M	Mudroom	BE	Bedroom	E	Entrance	DR	Dressing Room	P	Patio	←→	connection

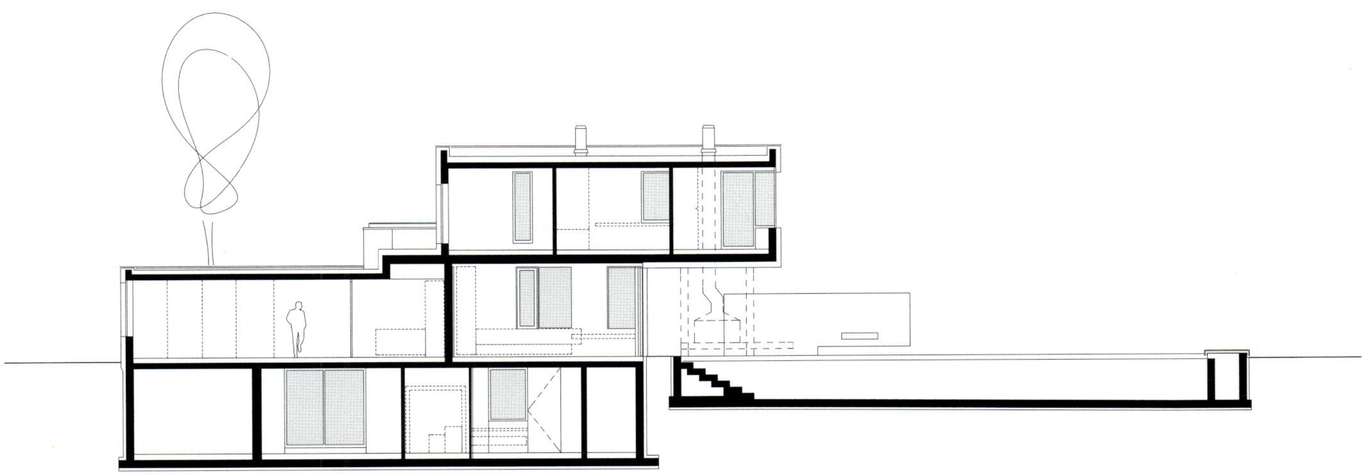

Schnitt

ELEGANZ IN VOLLENDUNG

DANIELE MARQUES, LUZERN

Es wird wohl kaum einen Architekturliebhaber und Enthusiasten geben, der nicht sofort bei der Betrachtung dieses Villenanwesens den Hauch einer sublimen Eleganz verspürt, die sich dann beim Studium von Lageplan, Grundrissen und der unterschiedlich ausgeformten Volumina der Baukörper, der dezenten Farbgebung und dem faszinierenden Zusammenklang von gebauter und natürlicher Form assoziativ zu einem prägenden Eindruck formt: das ist architektonische Eleganz von höchster Präzision und Kennerschaft. Die Architekten beschreiben das Projekt folgendermaßen:

„Das Grundstück weist eine schöne Gartenanlage mit hochstämmigen Bäumen auf. Im Schwerpunkt der Liegenschaft saß das bestehende Gebäude und richtete sich nach Süden hin zum Garten und auf eine Baumlücke, welche den Blick zum Säntis gewährt. Die Lage des bestehenden Hauses schaffte im Süden einen kammerartigen geschlossenen Garten, welcher durch die hohen Bäume etwas beengend wirkte. Im Gegenzug besetzten der Zugang zum Haus und die Anlage des Geräteschuppens einen Großteil des Gartens im nordöstlichen Bereich. Die schöne Orientierung nach Westen in die flachhüglige Landschaft sowie der Ausblick zum Bodensee wurden kaum wahrgenommen.

Der Neubau setzt den Hauptbaukörper in die nordöstliche Ecke und spannt eine räumliche Tiefe des Gartens in Diagonalrichtung nach Süden hin auf. Dadurch wird ein Garten mit großzügiger Tiefenwirkung erzeugt und die Distanz zu den alten Bäumen schafft Luft. Die Orientierung des Hauses ermöglicht verschiedene Ausrichtungen. Nach Süden ist ein gedeckter Gartenplatz angelegt, nach Westen ein offener

Natürlich handelt es sich hier um ein prachtvolles Grundstück, das macht aber die architektonische Lösung keineswegs einfacher – im Gegenteil. Hier ging es darum, die Gewichtung von Natur – altem Baumbestand – und Architektur so auszutarieren, dass es zu einem wohlgefälligen Ganzen wird – und das ist perfekt gelungen.

Garten mit Ausblick in die Landschaft, nach Norden eine großzügige Befensterung zum Bodensee. Ein Gartenpavillon verklammert das Haus mit dem Garten und erlaubt zusätzliche Aufenthaltsbereiche im Park.

Die gegebene Dimension des Hauses, 14 x 22 Meter, respektiert die Körnung des Quartiers. Die Dehnung des Volumens in die Höhe durch ein sichtbares Untergeschoss und ein Attikageschoss gestaltet die Proportionen spannend. Die turmartige Erscheinung wirkt elegant und wird im Innern mit der vertikalen Raumfolge bestätigt.

Die Qualität der Räume zeichnet sich aus durch zwei verschiedene Raumhöhen: die Rückzugsbereiche im 1. Obergeschoss und Dachgeschoss weisen eine Geschosshöhe von 2,40 Metern auf. Das Erdgeschoss, als Wohngeschoss auf der Ebene des Gartens, besitzt eine lichte Raumhöhe von 2,80 Metern. Das Untergeschoss wirkt mit seinen 2,70 Metern im Lichten einladend.

Die Räume, welche Raumfolgen bilden, sind ruhig und zellenartig gestaltet. Hallen, welche jeweils zwei Geschosse hoch sind, bilden die Erschließung des Hauses. Sie bringen Tageslicht bis tief in das Gebäudeinnere. Die Hallen verbinden je den Eingang mit dem Wohngeschoss, das Wohngeschoss mit dem Schlafgeschoss, und das Schlafgeschoss mit der Dachterrasse. Das Attikageschoss stellt eine attraktive Wohnmöglichkeit als Erholungsbereich, mit Ausblick in die Ferne dar.

Die Sichtbetonfassade wird mit drei unterschiedlichen Farbkombinationen ausgeführt. Der Ursprung der drei Farben kommt aus den ortstypischen St. Galler Natursteinen. Im Sockel das Grün des Rorschacher Sandsteins, in den oberen Geschossen ein helles Beige und im Attikageschoss ein gelblicher Ton. Die oberen zwei Farben lehnen sich an den Sandstein ‚Teufner grau' und den ‚Teufner gelb' an.

Die Fassade wurde modern interpretiert in Sichtbeton ausgeführt, die Farben verfremdet, sodass der schwere Beton Leichtigkeit erfährt.

Die Fensterflächen werden von außen im Stufenglas ausgeführt, in dem sich die Natur ohne störenden Rahmen widerspiegelt. Von innen sind die Fenster, in Anlehnung an die drei geschützten Kastanien auf dem Grundstück, in Kastanienholz ausgeführt.

Der Parkettboden in den privaten Rückzugsräumen ist ebenfalls aus Kastanienholz, um die Verbundenheit zum Ort zu reflektieren. Die übrigen Böden in den Erschließungsräumen, den Hallen, Treppenhäusern und den offenen Wohnbereichen sind mit dem örtlichen Rorschacher Sandstein ausgeführt, ebenso die nach außen fließenden Terrassenflächen. Die Wände sind im Sumpfkalkputz der ein angenehmes, wohnliches Raumklima schafft.

Die Fassaden sind in einer tragenden Massivbauweise ausgeführt. Durch diese tragend ausgebildete äußere Schale und eine anspruchsvolle Scheibenkonstruktion im Obergeschoss konnten im Erdgeschoss große Spannweiten stützenfrei überbrückt werden. Der Kälteübergang von außen nach innen über die tragenden Fassaden auf die ebenfalls tragenden Innendecken ist mit einer schubsteifen Verdornung zwischen Fassade und Decke gelöst worden. Die Außenflächen sind, soweit notwendig, mit Spannkabeln versehen um die großen Spannweiten zu erzielen und um eine Rissbildung zu verhindern.

Das Bauwerk ist komplett von innen gedämmt. Der Dämmung ist eine 5 Zentimeter starke Leichtbaukonstruktion vorgelagert, die zum einen als Putzträger, zum anderen als Installationshohlraum dient. Sämtliche technischen Installationen sind nicht sichtbar ausgeführt.

Die räumliche Fassung des Grundstücks bleibt auf drei Seiten hin bestehen. Ansprechende Gehölzkulissen bilden einen intimen Gartenraum, der dank der Stellung des Neu-

oben Dem interessanten Panorama entsprechend bietet hier das Fensterband im Küchenbereich den perfekten Ausblick in die Landschaft.

linke Seite links Hinter der Mauer verbirgt sich der Rampenzugang zur Erdgeschossebene. Die zweite dahinter liegende Mauer fasst den Poolbereich ein – eine Dramaturgie, die stimmiger nicht hätte ausfallen können.

links und linke Seite rechts Die Schmalseite des Anwesens auf der Zugangsebene im Untergeschoss.

Dieses Bild verdeutlicht das Konzept der offenen Ebenen im Haus, die grandiose Blickbezüge bieten – und stets trifft der Blick auf interessante Kuben, auf kunstvoll inszenierte Flächen, die Kunstwerke für sich darstellen.

baus in seiner Bedeutung gestärkt wird. Die markante Kastaniengruppe im Süden bleibt erhalten und wird zur stimmigen Aussicht aus dem Wohnraum. Der Zugangsbereich im Norden wird knapper gehalten. Der neue Gartenpavillon wird in eine kleinräumige Bepflanzung eingebettet. Die großzügigen Außenmauern zwischen dem Hauptgebäude und dem Gartenhaus nehmen den Höhensprung im Gelände auf. Über Rampen kann der Garten bequem zu Fuß erreicht werden."

In der Architektur gibt es für eine Bauaufgabe nie die eine und damit richtige Lösung – nein, es kann stets sehr viele geben. Aber halten diese auch über Jahre und Jahrzehnte einer kritischen Betrachtung stand – und das unter der Fragestellung elegant – ja oder nein? Bei diesem Projekt habe ich daran nicht die geringsten Zweifel, nein: es steht als Synonym für Eleganz in der Architektur – nicht wegen des die Sinne bezaubernden Grundstücks, des nicht unerheblichen Budgets, sondern wegen der markanten entwurflichen Haltung in der Konzeption ebenso wie in der makellosen Ausführung.

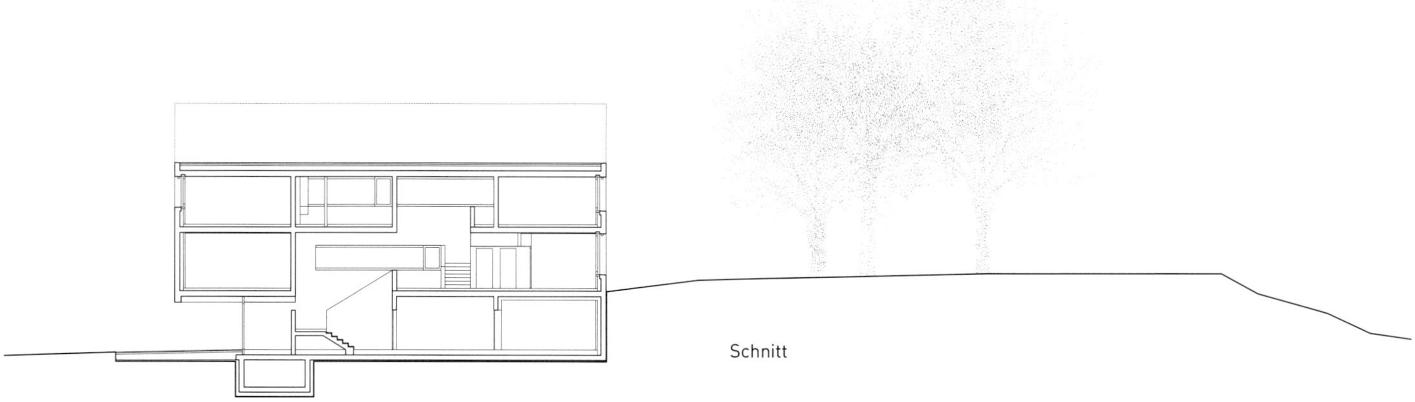

Schnitt

oben und ganz oben Die Dachgeschossebene mit Badbereich und großer Terrasse. Hier ist das Spiel der Kuben und Flächen besonders reizvoll – welche Großzügigkeit! Das belegt das Foto darunter – man spürt die Entwurfshand eines großen Architekten.

oben Der Aufgang vom Unter- und Eingangsgeschoss zur Wohnebene.

ganz oben Auf jeder Grundrissebene dominieren die markanten Flächen der Geländer, die in ihren optischen Verschränkungen an Künstler denken lassen, die sich dieses Themas eindrücklich angenommen haben. In dem Sinne ist diese Architektur eine gedankliche Überhöhung auf den Raum bezogen – einfach großartig.

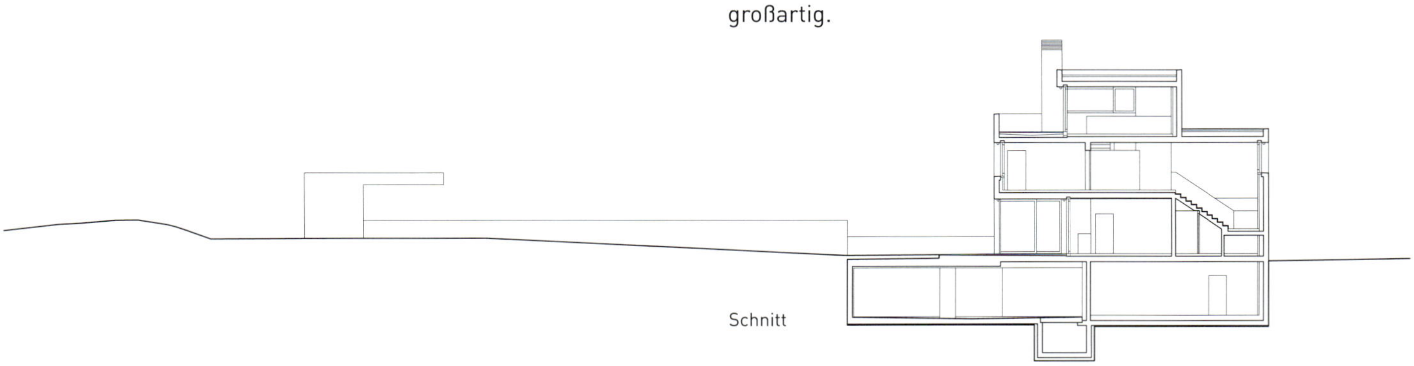

Schnitt

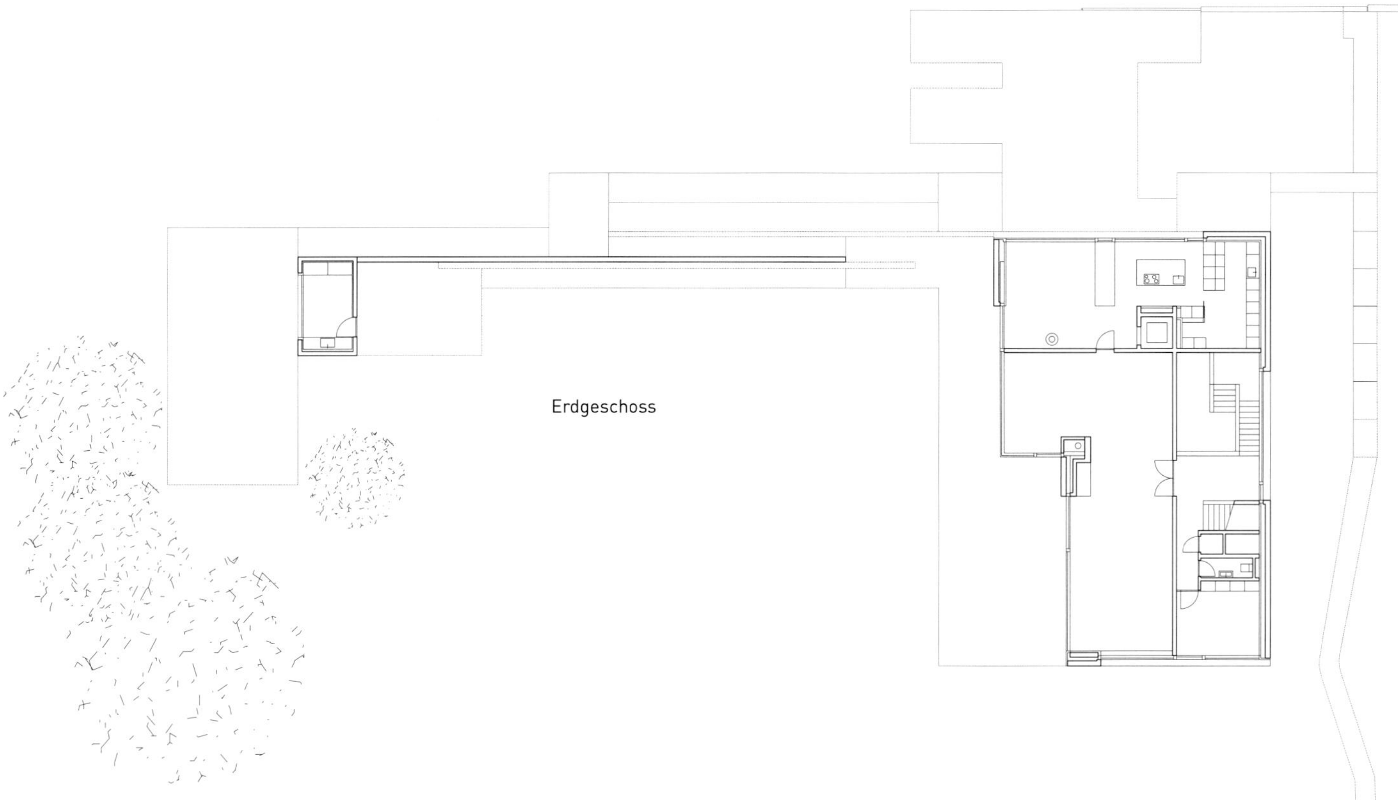
Erdgeschoss

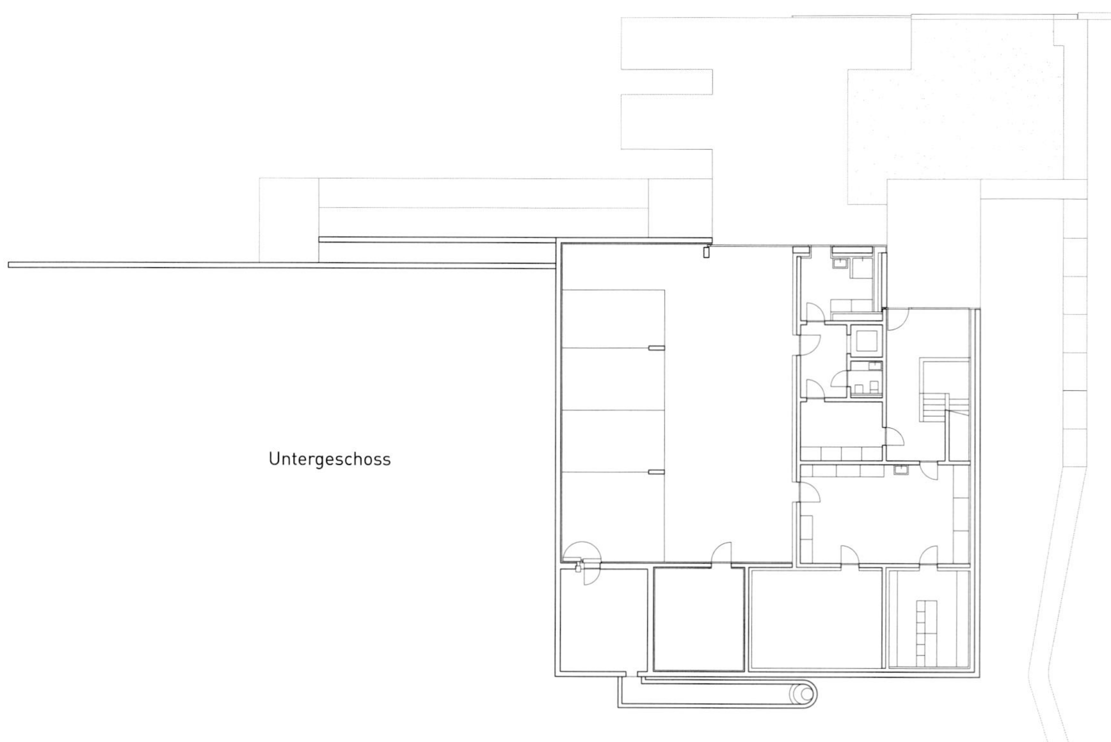
Untergeschoss

Projektdaten
Planungsbeginn: 2009
Fertigstellung: 2013

Daniele Marques
Marques AG
Rankhofstrasse 3
CH-6006 Luzern
www.marques.ch

Fotos: Ruedi Walti, Basel

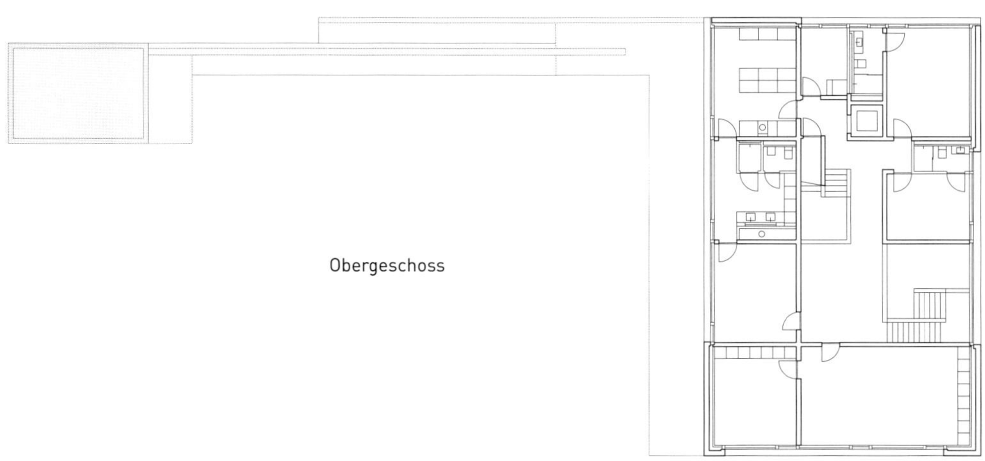

ACHT HÄUSER – DIE ELEGANZ EINES MEDITERRANEN ENSEMBLES

NUNO GRAÇA MOURA, PORTO

Ein ausgeprägter Individualismus beim Bauen ist der Architekurqualität meist abträglich – das belegen die vielen Ferienhausanlagen in Deutschland ebenso wie die Neubausiedlungen, die auf dem frisch ausgegebenen Bauland im Umfeld der großen Städte noch immer jeden Tag in ihrer unsäglichen heterogenen Architektursprache entstehen: ein einziger Bautyp, ein einziges, dominantes Material, eine allen Bauten gemeinsame Dachform? Das ist die Ausnahme, während in Dänemark und Schweden nur zu gern auf einen ausgeprägten Individualismus im Siedlungsbau verzichtet wird – was insgesamt zu einer sehr viel markanteren Architekturlandschaft und vor allem zu einer besonderen Form des Miteinander in diesen Siedlungsformen führt.

Auch dieses Projekt des Architekten Nuno Graça Moura in Portugal nutzt sowohl die gestalterische Faszination einer Häusergruppe gleichen Bautyps, deren großformatiges Erscheinungsbild gerade den besonderen gestalterischen Reiz der Anlage ausmacht – erst der zweite Blick gilt den eleganten Einzelbauten und ihrer großzügigen Konfiguration.

Erläuterungsbericht des Architekten: „Die Aufgabe war in Óbidos, Portugal, eine größere Zahl von Häusern zu einer Anlage an einem flachen Nordhang zu errichten. Entscheidend für den Entwurf war das Prinzip der Gebäudegruppe – die bewusste Gleichförmigkeit, die die traditionelle Bauform der Region aufgreift: eine einfache architektonische Form, die sich in jedem der einzelnen Gebäude wiederfindet – ohne jede individuelle Ikonografie. Die Häuser stehen rechtwinklig zur Zugangsstraße, die der Topografie folgt. Entstanden sind massive Baukörper, die in den Hang hineingeschoben

Dass sich Auftraggeber bei einer luxuriösen Wohnanlage nicht nur auf einen Architekten, sondern auch noch auf einen einzigen Haustyp einigen, ist schon ungewöhnlich – aber im Ergebnis bestechend. Hier wird Eleganz groß geschrieben – mit eindrucksvollem Ergebnis.

wurden – nach Westen hin zur Landschaft geöffnet mit weitem Blick über den Golfplatz bis zum Meer. Während die Außenwände geschlossen ausgebildet wurden, sorgen die großen Fensteröffnungen in den Innenhöfen für eine großzügige Belichtung. Hohe Attikaüberstände schaffen den notwendigen Sonnenschutz. Die Gestaltung der Innenhöfe bietet – neben dem Schwimmbad – unterschiedliche Außenraumqualitäten unter freiem Himmel ebenso wie unter den überdachten Veranden. Die Häuser wurden einheitlich in einem lichten Grün gestrichen – Blendschutz! –, und wie es der Masterplan vorsah, erhielten die Gebäude begrünte Flachdächer."

Es kann nur immer wieder betont werden, welche enormen Vorteile ein gut durchdachter Masterplan für neu zu errichtende Wohnanlagen bietet. Die hier vorgestellte Anlage ist dafür ein im Wortsinne leuchtendes Beispiel – faszinierend luxuriöse Einzelbauten, die sich wie Freunde zu einer eleganten Gruppe versammelt haben. Von einem solchen Ensembleverständnis können deutsche Gemeinden, die Bauland ausweisen, noch sehr viel lernen.

Mit scheinbar wenig Mitteln wird hier großes architektonisches Theater aufgeführt. Dazu zählen auch die alten Bäume, die einen willkommenen Kontrast zur Strenge der Architektur und der Gartenanlage bilden.

oben und rechts Der Entwurf mit seinem umfangreichen Raumprogramm ist in dieser eleganten Kargheit nur in Portugal vorstellbar. Das gilt auch für die sparsamen Details der Außenanlagen, wie der schmalen Veranda, die übereck fast den gesamten Grundriss einfasst – im heißen Portugal dient das überkragende Dach als willkommener Sonnenschutz.

oben Der große Kaminblock dient als Raumteiler zwischen dem Wohn- und dem Essbereich, ist Sitzfläche und Skulptur zugleich. Beeindruckend sind die übergroßen Natursteinplatten, die im gesamten Wohnbereich verlegt wurden.

unten beide Die raumhohen Schiebeelemente prägen die winkelförmige Fassade aller Hauseinheiten. Raumhoch sorgen sie für maximalen Lichteinfall, der allerdings durch die überstehende Attika geschickt gesteuert wird, sodass es nicht zu lästigen Blendungen kommt.

oben Der offene Kamin hat nicht unbedingt die Heizfunktion zu übernehmen, er ist vielmeh ein fast sakral-archaisches Element in dieser bewusst kargen Innenarchitektur.

unten links Blick in den kleinen Innenhof in der oberen Gebäudeecke – auch hier dominiert die Sparsamkeit der Formen.

unten Der Aufgang zum Wohngeschoss. Wunderbar elegant ist das einfach geschmiedete Geländer – hier stimmt jedes Detail.

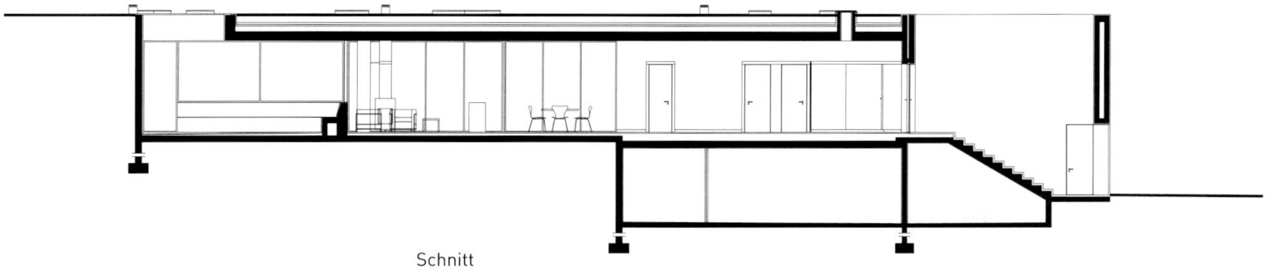

Schnitt

Projektdaten

keine Angaben

Nuno Graça Moura, Arquitecto Ltd.
Rua Eugénio de Castro 300 – s.119
P-4100-225 Porto
www.nunagracamoura.com

Fotos: Nuno Graça Moura, Arquitecto Ltd.

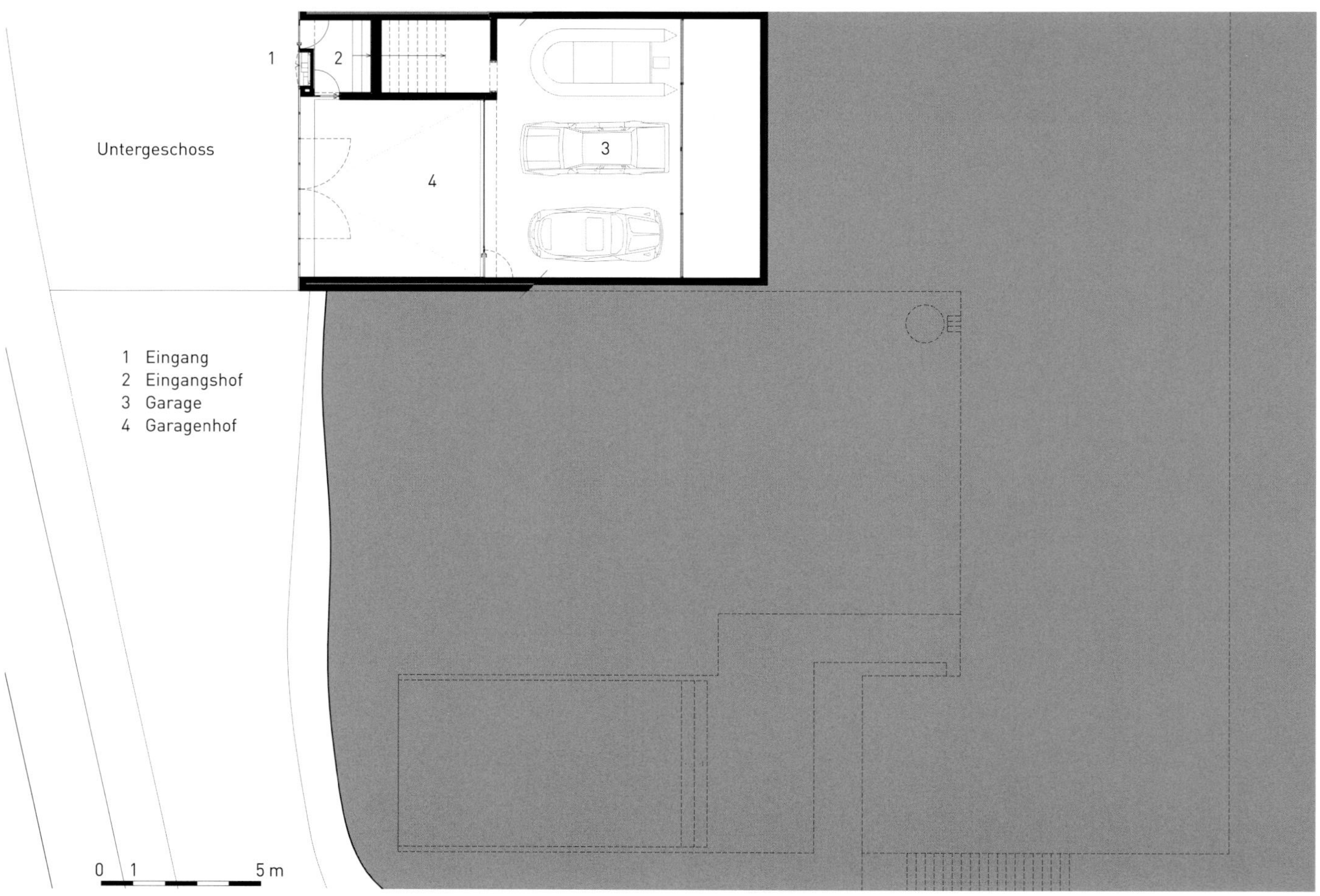

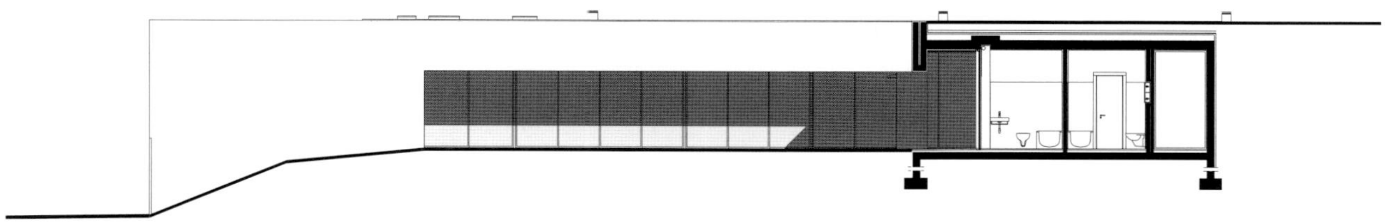

Schnitt

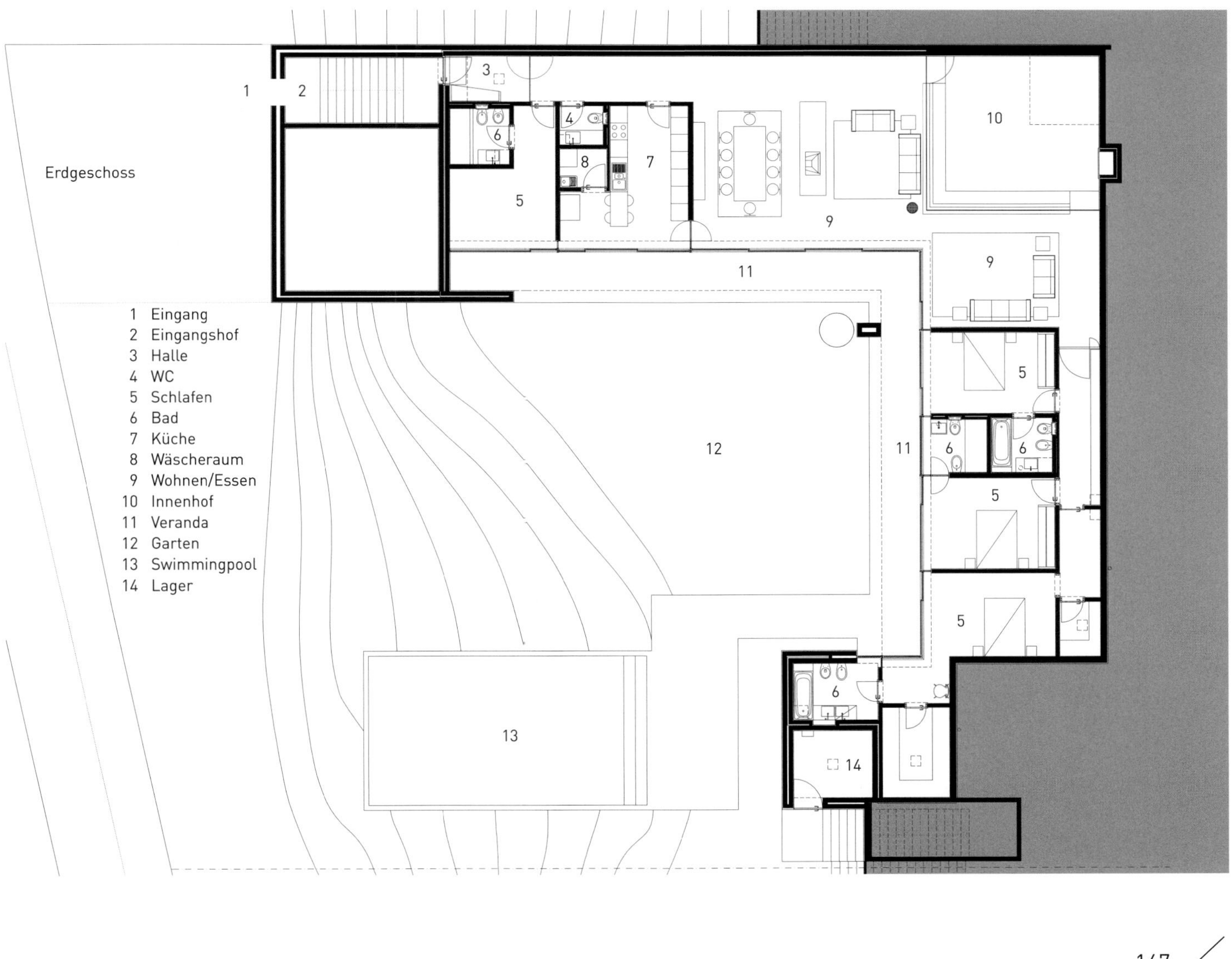

Erdgeschoss

1 Eingang
2 Eingangshof
3 Halle
4 WC
5 Schlafen
6 Bad
7 Küche
8 Wäscheraum
9 Wohnen/Essen
10 Innenhof
11 Veranda
12 Garten
13 Swimmingpool
14 Lager

LICHTE ELEGANZ AUF INTERNATIONALEM NIVEAU

PHILIPP ARCHITEKTEN GMBH, UNTERMÜNKHEIM

Die Könnerschaft der Architekten ist mit herausragenden Villenprojekten vielfach belegt und sie trägt nach meiner Einschätzung stets das Markenzeichen einer sprachgewandten, gestischen Architektur, die jedem der Projekte eine poetische Gestalt verleiht. Dabei zeigen die eingesetzten Mittel ein Formangebot, das sich als gedanklicher Überbau darstellt und visuelle Räume schafft, die am Beispiel des Schwimmbeckens und seiner oberen Rahmeneinfassung diese Planungshaltung verdeutlicht: der Raum ist offen und doch ist er gestisch gefasst und darüber hinaus setzt er die gestreckte Fassade des Haupthauses als positiv-eleganter Manierismus fort. Garage, Eingangshof und Gartenarchitektur vervollkommnen diesen Gedanken im Sinne einer inszeniert formalen Sprache zu einem harmonischen Gleichklang.

Erläuterungstext der Architekten

„Und täglich grüßt der Wetterhahn die Gäste am Eingang des Gebäudes, in Erinnerung an das ehemalige Bürgermeisterhaus, das auf dem Grundstück stand. Der Rest ist neu und anders.

Wunderbar gelegen ist dieses Grundstück in unmittelbarer Nähe des Stadtzentrums von Ulm, angrenzend an Schrebergärten und Wald. Die drei Ebenen des Wohnhauses sind klar gegliedert, und jeder Einzelnen ist ein eigener Außenbereich zugeordnet. Der Eingang des Neubaus befindet sich auf Straßenniveau und schafft eine großzügige Hof- und Eingangssituation. Auf dieser Ebene sind die Gäste und Kinder untergebracht, mit einem Fußballrasen zum Toben direkt vor den Räumen. Über eine schöne Vollholztreppe gelangt man im Innern ins nächste Geschoss, welches die

Die Eleganz dieses Anwesens wird wesentlich durch die optische Ausdehnung des Baukörpers bestimmt – und hier besonders durch die Rahmenkonstruktion, die den Pool einfasst.

Wohnebene enthält. Angelegt als Winkel umfängt und behütet sie den Außenbereich, der mit Pool, Holzdeck und Sitzlounge zum Verweilen einlädt. Das Obergeschoss dient als Rückzug der Eltern, mit Büro und einer mit Jaccuzzi ausgestatteten Dachterrasse, die den Blick aufs Ulmer Münster freigibt.

Das Gebäude weist ein großes Raumprogramm und hohes Bauvolumen auf. Dennoch wirkt der Baukörper nicht massig wie das ehemalige Bestandshaus mit Satteldach, dessen Eingang über eine den Hang hinaufführende Treppe erklommen werden musste. Über die Staffelung der Geschosse und das Aufgliedern in verschiedene Ebenen und Nutzungsbereiche, die sich über das gesamte Grundstück verteilen und sich scheinbar mit diesem verzahnen, lockert der Entwurf die Größe des Baukörpers auf. Der lange Riegel des Pools streckt das Gebäude über das gesamte Grundstück und gewinnt durch den wie ein Passepartout wirkenden Rahmen an Raum. Den optischen Abschluss bildet eine wunderschöne Sandsteinwand, die gleichzeitig als Sichtschutz dient und die Behaglichkeit schützt.

Im Innern bringt ein Luftraum über der Bibliothek Leichtigkeit, Offenheit und Licht ins Gebäude. Bezaubernde Durchblicke durch den verglasten Luftraum unterstreichen die leichte Eleganz des Gebäudes."

rechte Seite oben So stellt sich das Gebäude zur Straßenseite hin dar – ein weiter eleganter Schwung, wobei der Baukörper geschickt durch Vor- und Rücksprünge gegliedert ist. Auf diese Weise entstehen auf allen Ebenen interessant zu nutzende Freisitze – mit dem schönsten auf dem Dach.

unten Das Kind auf dem Foto zeigt den Maßstab an: auch wenn die Gebäudeanlage hinter der Hecke liegt, so wird doch die elegante Breite des Hauses erfahrbar – Ausstrahlung nach innen ebenso wie nach außen für die Mitwelt.

rechte Seite unten links Der Pool im westlichen Teil des breiten Grundstücks wird durch eine Pergola-artige Konstruktion eingefasst. Trotz der allseitigen Offenheit entsteht auf diese Weise ein interessanter Raum mit akzentuierten Blicken in die eigene Gartenlandschaft.

rechte Seite unten rechts Die große eingefasste Terrasse vor dem Wohnbereich bietet einen ganz anderen Erlebnisbereich – nicht allein eine Terrassenfläche, sondern das Ambiente erfahrbaren, geschützten Raums.

unten Die Auffahrtsituation mit dem Garagenflügel rechts. Der flache linke Baukörper – Abstellräume – fasst diesen Hof perfekt ein und schützt den Garten vor Einblicken.

oben Im Kreuzungsbereich von Wohn- und Esstrakt befindet sich die Kaminsäule als Blickfang ebenso wie als effiziente Wärmequelle.

oben Der Blick vom Speisezimmer auf die Bibliothek im Hintergrund.

links Ergänzt wird das komplex angelegte Raumprogramm innen und außen durch einen einladenden Weinkeller mit Küchenausstattung – für einen Kenner unverzichtbar.

oben Das archaische Element Feuer ist hier elegant durch eine Kaminsäule gebannt – ein wichtiger Blickpunkt in dem großzügig angelegten Gartengeschoss.

rechts Der Aufgang ins private Obergeschoss.

ganz rechts Wie dominant die Wirkung der Feuersäule im Raumgeschehen ist, zeigt dieses Bild.

unten beide Die großzügig bemessene Küche im Gartengeschoss mit klassischer Speisekammer und angrenzender Morgenterrasse nach Osten ausgerichtet.

oben Das großzügige Speisezimmer lässt sich nach rechts zur Terrasse öffnen und bei Bedarf durch eine Schiebetür zur Küche abtrennen – schließlich mag nicht jeder das Prinzip der offenen Küche.

Projektdaten

Grundstück: 1277 m^2
Nettogrundflächen:
- Untergeschoss: 152 m^2
- Erdgeschoss: 277 m^2
- Obergeschoss: 127 m^2
- Garage: 45 m^2

Jahresheizwärmebedarf: 56,8 kWh/m^2a
Planungszeit: 6 Monate
Bauzeit: 10 Monate

Philipp Architekten GmbH
Wittighäuser Steige 2
74547 Untermünkheim
www.philipparchitekten.de

Fotos: José Campos, Porto & Hamburg

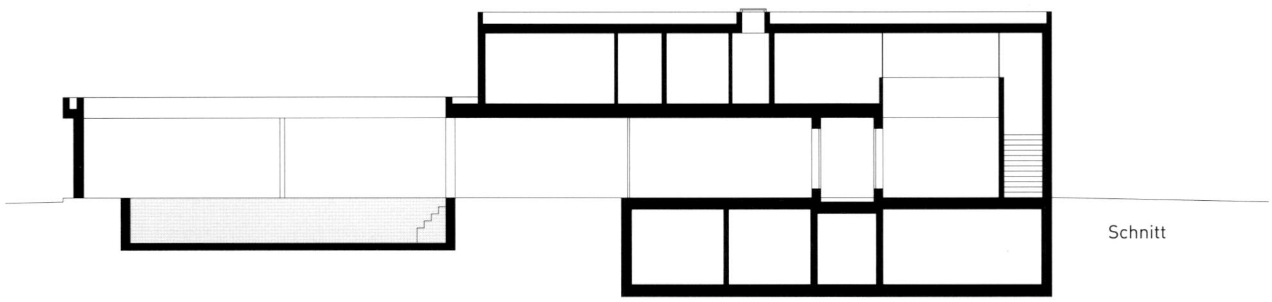

Schnitt

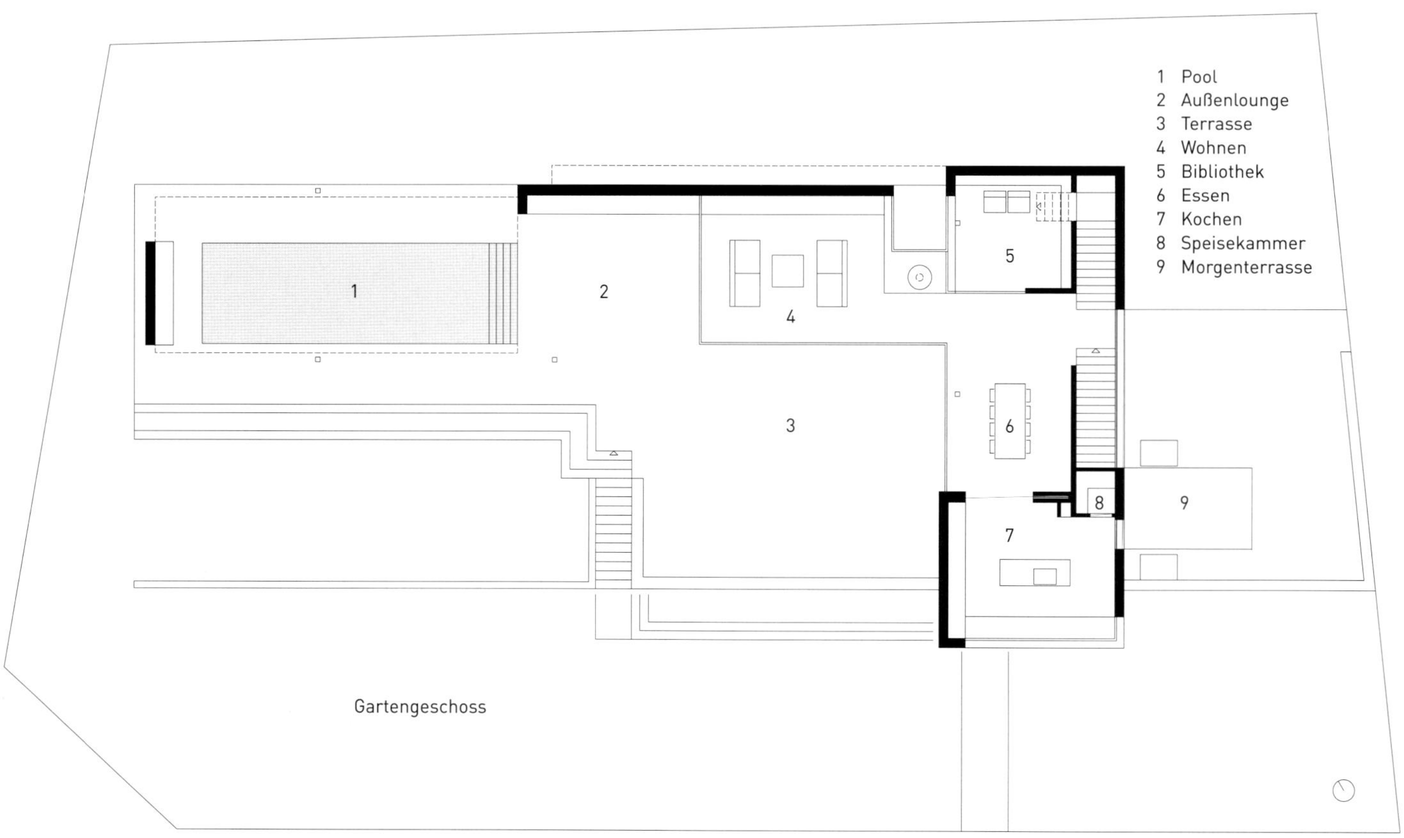

1 Pool
2 Außenlounge
3 Terrasse
4 Wohnen
5 Bibliothek
6 Essen
7 Kochen
8 Speisekammer
9 Morgenterrasse

Gartengeschoss

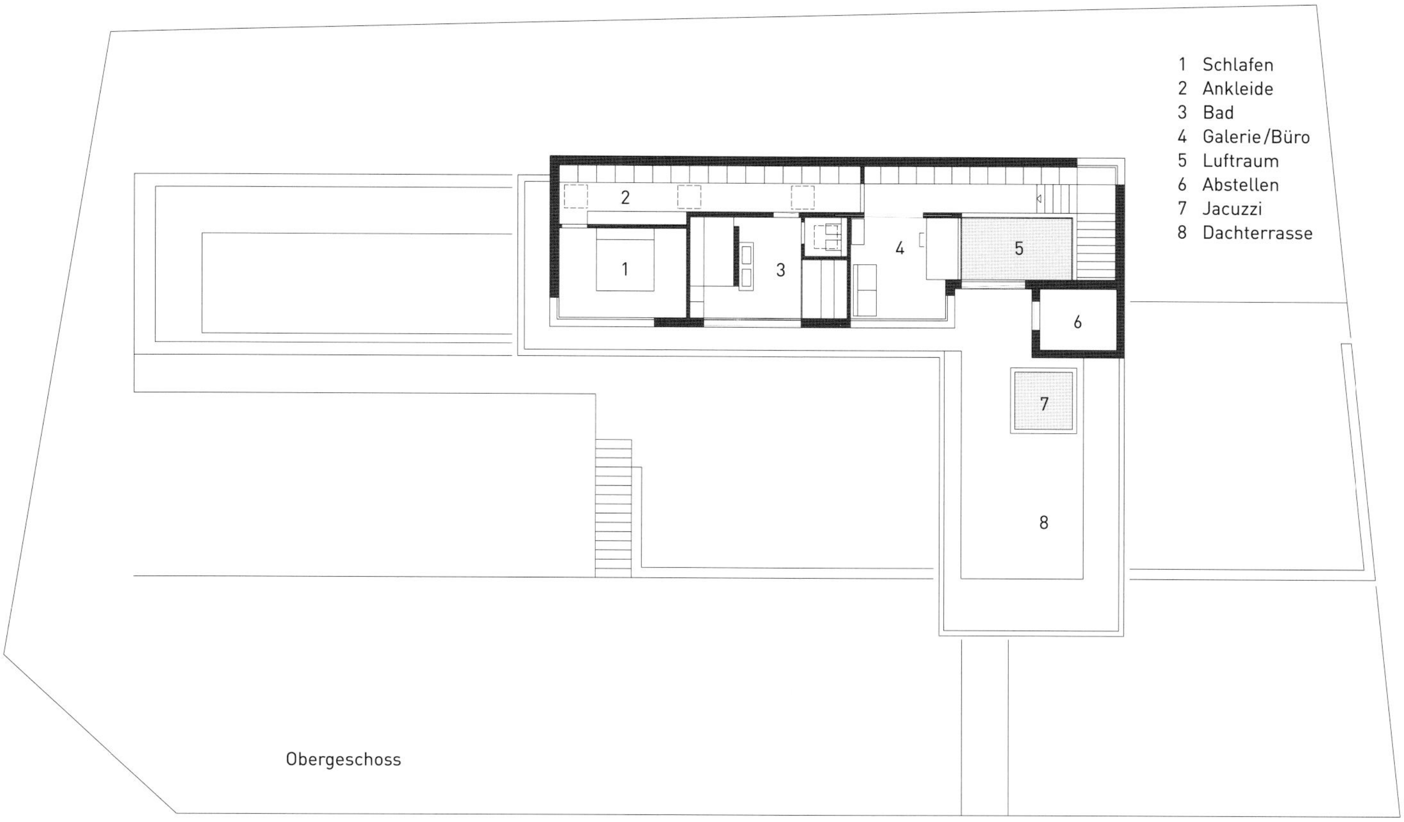

1 Schlafen
2 Ankleide
3 Bad
4 Galerie/Büro
5 Luftraum
6 Abstellen
7 Jacuzzi
8 Dachterrasse

Obergeschoss

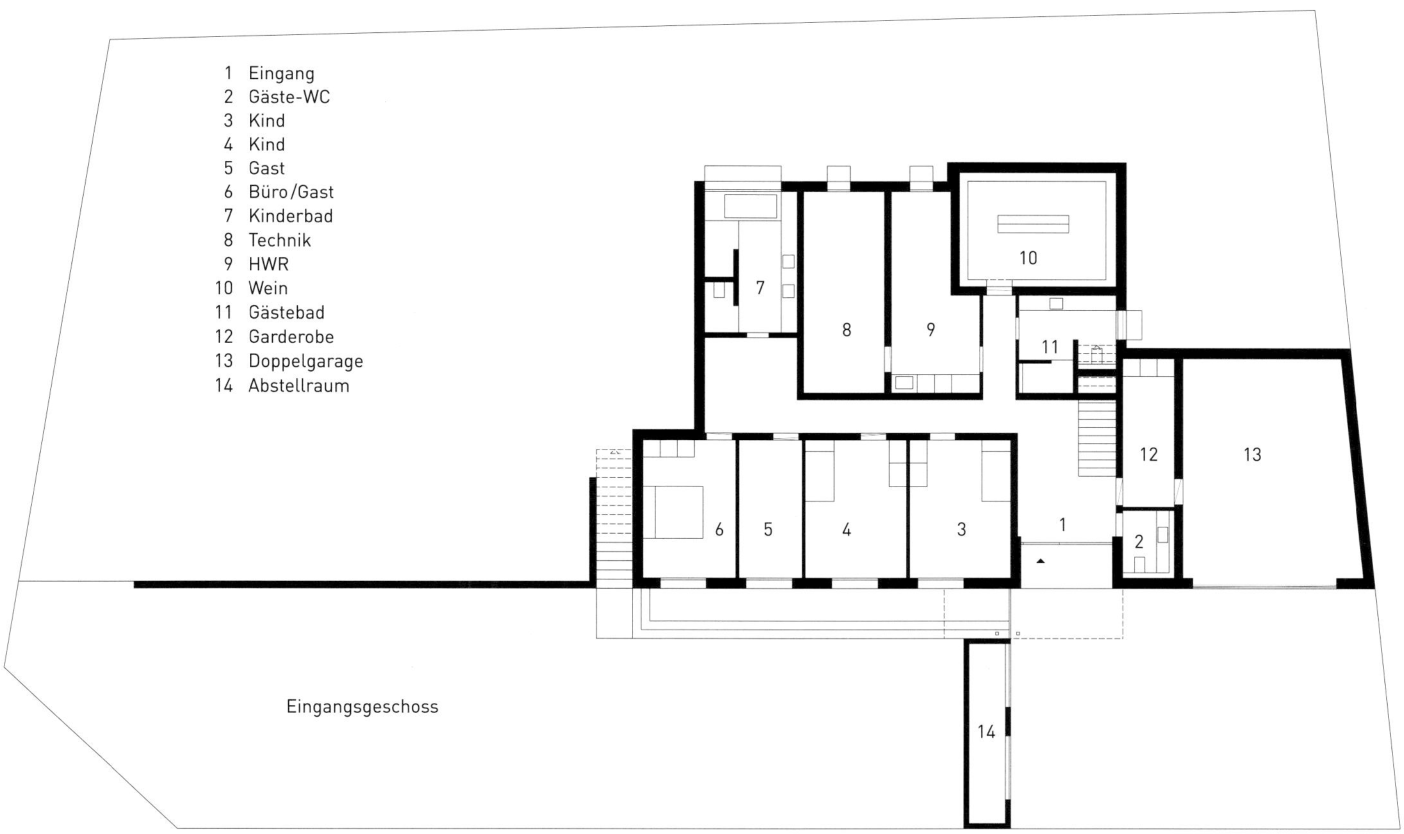

1 Eingang
2 Gäste-WC
3 Kind
4 Kind
5 Gast
6 Büro/Gast
7 Kinderbad
8 Technik
9 HWR
10 Wein
11 Gästebad
12 Garderobe
13 Doppelgarage
14 Abstellraum

Eingangsgeschoss

DIE ELEGANZ DER KÖNNERSCHAFT – UND: EINE HOMMAGE AN DAS HANDWERK

ARMANDO RUINELLI, SOGLIO

Das Bergell südlich des Malojapasses ist noch immer eine architektonisch fast unberührte Talschaft, die über einzigartige architektonische Schätze verfügt – den Weiler Soglio am rechten Talhang gibt es immerhin schon seit über 800 Jahren - die sehr eindrücklich zeigen, warum die Wohnhaus- und Stallarchitektur der Bergbauern sich so und nur so aufgrund der vorgefundenen Materialien – starke Holzstämme und die schweren Granitplatten für die Dächer zur Aufnahme der Schneelasten – entwickeln konnte. In diesem einzigartigen Dorfensemble, das der Maler Giovanni Segantini die Schwelle zum Paradies genannt hat, hatten sich die Architekten Ruinelli mit einer faszinierenden, aber auch äußerst schwierigen Bauaufgabe auseinanderzusetzen:

„Ausgangspunkt dieses Projekts war der Umbau eines ungenutzten Stalls im Dorfkern von Soglio in ein Wohnhaus. Bei der Projektierung wurde entschieden, das historische Bauvolumen mit den vier Eckpfeilern aus Natursteinen und dem Steinplattendach zu erhalten, weil das Gebäude eine wichtige Stellung beim Abschluss des Dorfs gegen die landwirtschaftlich genutzten Flächen außerhalb der Siedlung einnimmt.

Die Frage der Kontinuität wird in diesem Projekt nicht unter formalen Aspekten erörtert, sondern anhand der Materialien. Die Baumaterialien sind zwar modern, jedoch weder vorfabriziert noch industriell gefertigt: Stampfbeton, unbehandeltes Eichenmassivholz, geschweißter Stahl.

Der entkernte Innenraum bekam eine Auskleidung aus Stampfbeton, dem dieselbe statische Rolle zukommt wie dem alten, traditionellen Mauerwerk. Die Betonmauern sind nicht als eine in ein bestehendes Skelett eingebaute Schachtel gedacht. Viel eher wird eine Verschmelzung der alten mit der neuen Substanz erreicht, als wenn der Stampfbeton die logische, zeitgenössische Fortsetzung der alten Steinmauern wäre.

Alle Baumaterialen haben ein rohes Äußeres, sind jedoch nicht zufällig und annäherungsweise, sondern dank handwerklicher Geschicklichkeit mit großer Präzision eingesetzt. Die besondere Atmosphäre in diesem ehemaligen Stall wird denn auch zum großen Teil durch diese Handwerker-Kultur erzeugt, die sich gewissenhaft in jedem Detail und bei der Auswahl der Materialien niederschlägt. Das ganze Bauwerk ist eine Hommage an die Handwerker und ihr Können.

Die Fassaden bewahren die ursprüngliche Struktur aus Stein und Holz und werden lediglich von Betonelementen durchbrochen, welche die neuen Öffnungen im Erdgeschoss umrahmen. Die Fassadenflächen sind mit senkrechten Eichenholzlamellen, die manuell verstellbar sind, versehen.

Der Außenbereich wird durch Trenn- und Stützwände aus Beton modelliert, wobei mehrere Ebenen entstehen, die dem natürlichen Verlauf des Geländes entsprechen. Die ‚moderne' Umgebungsmauer ist eine Art Fortführung der Mauern im Innern des Hauses, diese bilden den Ursprung und bestimmen das Material. Die Mauer setzt eine neue städtebauliche Erkenntnis um, nämlich die Idee vom modernen Bauen als Weiterführung des Angrenzenden. Der Stampfbeton will nicht bloß ein ausdrucksvolles, ästhetisches Bauelement dieses Gebäudes sein, sondern auch die Bedeutung der Architektur im städtebaulichen Kontext aufzeigen, in diesem Fall anhand der Grenzmauer."

Die einst anonyme ländliche Architektur, die sich allein aus den örtlichen Bedürfnissen, den Baumaterialien und den lokalen Traditionen herleitet und damit handwerklich besonders interessant ist, weil die technischen Möglichkeiten des Bauens ganz andere waren als heute, erfreut das architektonisch interessierte Auge ja deshalb so sehr, weil

Es bedarf nicht des Kennerblicks, um auszumachen, dass mit diesem ehemaligen Stallgebäude etwas Besonderes geschehen ist: die Transformation zum Wohnen. Aber die neue Nutzung sollte eher versteckt denn gezeigt werden, wozu auf beiden Geschossen die Lamellenwände als zweite Fassade vorgebaut wurden – ein in der Landwirtschaft gängiges Motiv.

stets eine nahezu homogene Architektur in den Bauformen und Farben entstand, die das Individuelle gerade nicht in den Mittelpunkt stellt, wie es im Bauen heute so oft mit negativen Folgen der Fall ist.

Kann es also eine Eleganz in einem ehemaligen Stallgebäude geben? Ja, aber nur dann, wenn man sich bei einem solchen Umbau mit einer ganz anderen Nutzung als der ursprünglichen dennoch an die Regeln der Vernunft und der Traditionen hält. Was hier im Innern des alten Stallgebäudes so fasziniert, ist das wirklich grandiose Zusammenspiel nicht allein der Materialien – alt und neu –, sondern dass das Gefüge der Massen und Proportionen jetzt ein wahrlich formal kongeniales Zusammenspiel abgibt, bei dem jeder Zentimeter Wandstärke der Mauern, bei der Küchenplatte ebenso wie im Waschtisch des Bads genau das Maß erhielt, das im Gesamtgefüge der Innenarchitektur diese große Selbstverständlichkeit ohne den geringsten formalen Bruch ausmacht. Es freut dann einfach zu Recht, dass der Architekt den Handwerkern eine so große Anerkennung ausspricht, denn ohne das, was noch kunstvoll mit der Hand gefertigt wird, kann es keine wirklich individuelle Architektur und Innenarchitektur geben – und schon gar keine Meisterschaft. In diesem Sinne ist dieser fantastische Umbau auch eine Aufforderung, wieder mehr auf das Handwerk und seine Individualität zu setzen – in den meisten Fällen werden die Mehrkosten durch die Dividende aufgefangen – und die hat in der Architektur auch weiterhin einen wohlklingenden Namen und der heißt: Freude.

linke Seite beide Soglio ist ein einzigartikes Dorfensemble, dem man sich als Architekt nur äußerst behutsam mit einer Umbauplanung nähern darf – hier ist es perfekt gelungen.

oben Die wesentlichen Elemente wie der sichtbare Dachstuhl wurden erhalten und das notwendig Neue aber so dezent eingesetzt, dass der Ort noch einmal durch diesen Bau eine gestalterische Aufwertung erfuhr – ein größeres Kompliment kann es für den Architekten nicht geben.

linke Seite oben Das Steinmotiv ist im ganzen Ort allgegenwärtig – warum nicht dann auch im Innern? Im Obergeschoss befindet sich die Wohnebene, die auch den Küchen- und Essbereich birgt. Wer um die klimatischen Bedingungen hier oben im Bergell weiß, wird verstehen, wie wichtig ein großer Kamin nicht nur als Wärmequelle ist – er ist das Symbol des geschützten Wohlbefindens.

linke Seite unten Der Küchenblock aus Beton dient auch als kleiner Essplatz, vor allem aber ist die wuchtige Skulptur für den Raum wichtig.

oben Der Essplatz mit dem Blick in den kleinen Garten – wird der Ausblick gewünscht, lassen sich die Lamellen verschieben. Ich kenne kein anderes Haus, in dem der Werkstoff so gekonnt eingesetzt wurde und so dominant – ohne jemals plump oder gar abweisend zu wirken.

unten links Der Treppenaufgang zum Obergeschoss – natürlich ist auch hier die kleine Sitzbank aus Beton, und wer genau hinschaut, verspürt fast einen samtigen Hauch, den der Beton ausstrahlt.

unten Der Küchentresen im Obergeschoss mit zwei versetzten Arbeitsflächen – ebenfalls aus Beton.

rechte Seite oben Hinter dem Kaminblock verbirgt sich die Treppe ins Erdgeschoss. Die großzügige Verglasung im Wohngeschoss gibt den Blick auf den alten Stadel frei – in Blockbauweise, damit der Innenraum ständig belüftet ist.

rechte Seite unten links Die Einfachheit der Details in diesem Schlafzimmer verweist auf das wenig komfortable Leben hier in der Bergregion – aber wie selbstverständlich zeigen sich einzelne Bauteile in ihrem – fast – Ausgangszustand.

rechte Seite unten rechts So urgewaltig die gesamte Konstruktion auch anmutet, nirgendwo hat sie etwas Bedrückendes. Das karge Entwurfsprinzip setzt sich auch im Sockel der Plastik fort – mehr wäre fast schon unangemessen.

links Der schlanke Zugang zum Eingang des Hauses bietet vor allem im Winter Schutz gegen Wind, Regen und Schnee – gerade diese Enge sorgt für die notwendige Geborgenheit und ist als Motiv überall im Dorf zu finden.

unten Eleganz, Luxus – wie soll man es benennen, den Kamin im Dachgeschoss, dessen künstlerisch ausgewogene Form und seine Massivität so wunderbar mit dem schweren Gebälk harmoniert. Dabei sind die Balkone keineswegs überdimensioniert, müssen sie doch die schweren Bruchsteinplatten tragen.

Projektdaten

Grundstückgröße: 195 m²
Wohnfläche: 135 m²
Zusätzliche Nutzfläche (Loggia): 30m²
Anzahl der Bewohner: 4–6
Bautyp: Umbau/Umnutzung
Bauweise: massiv
Fertigstellung: 2009

Armando Ruinelli
Ruinelli Associati Architetti SIA
CH-7610 Soglio
www.ruinelli-associati.ch

Fotograf: Ralpf Feiner, Chur, und Ruinelli Associati Architetti

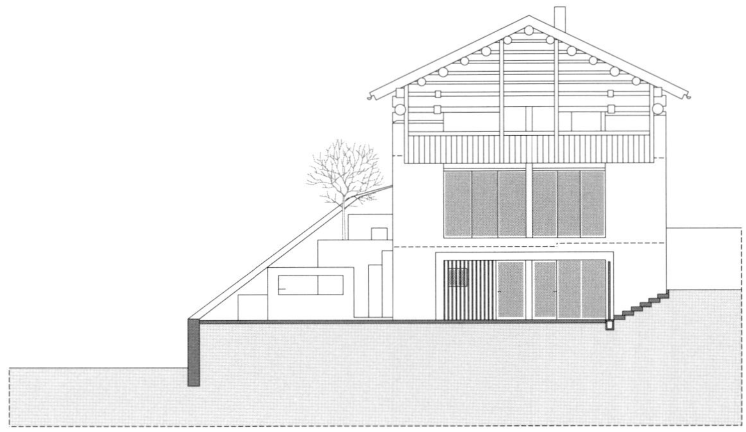

Südfassade

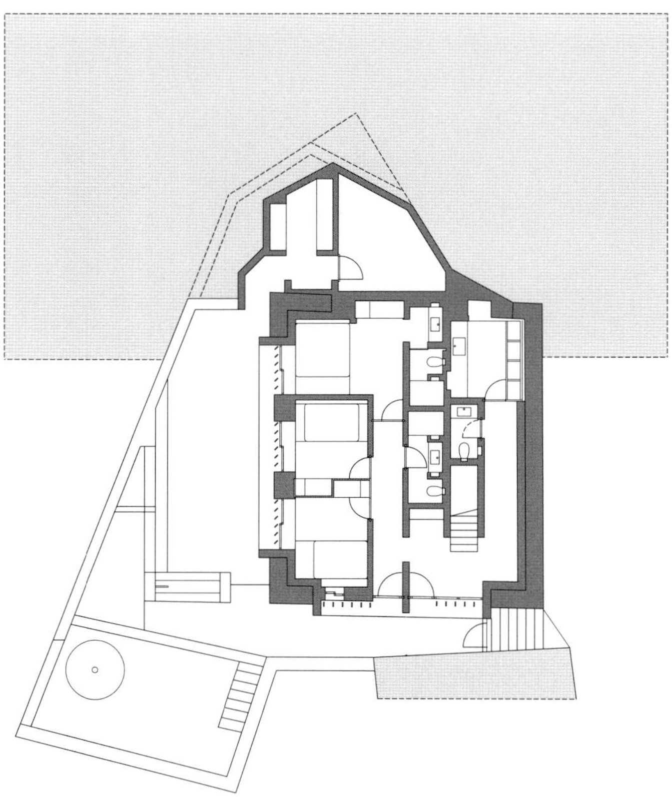

Erdgeschoss

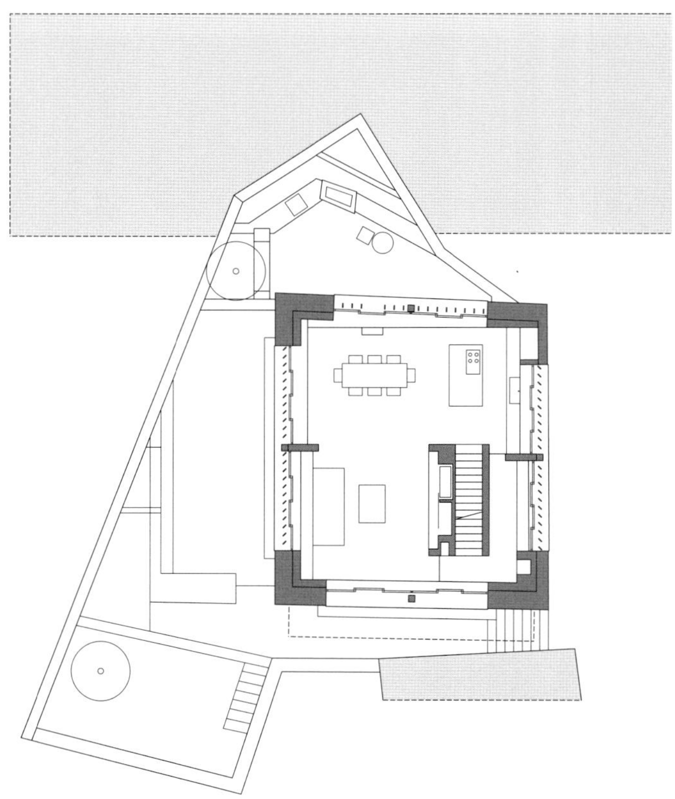

Obergeschoss

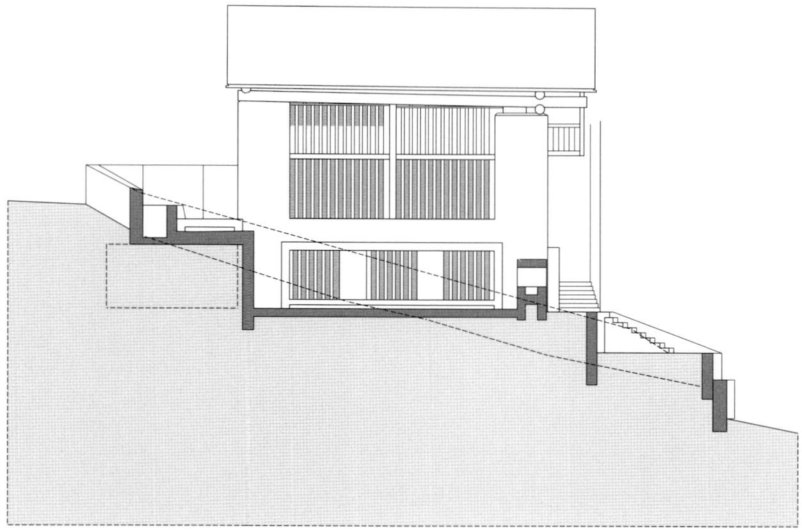

Westfassade

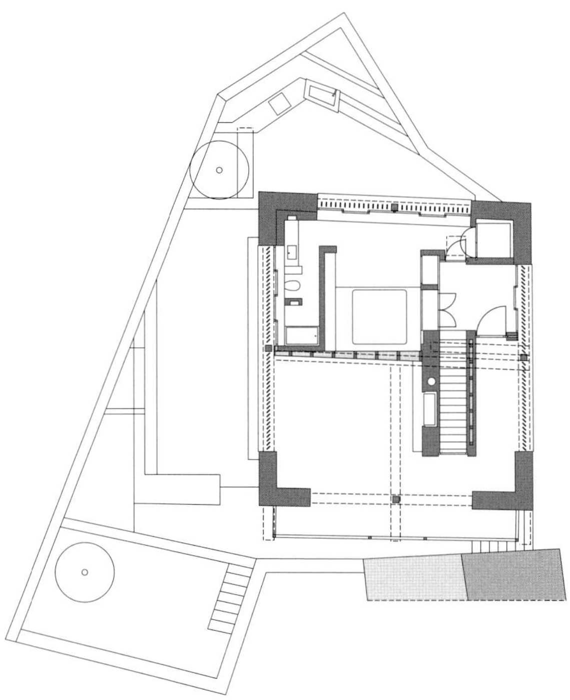

Dachgeschoss

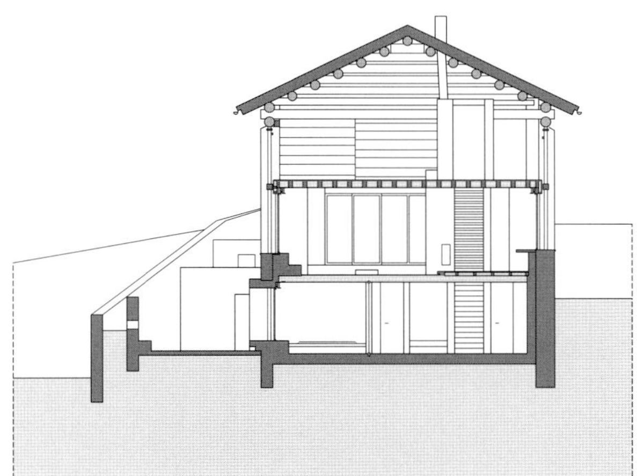

Querschnitt

DIE KUNST DER FARBGEBUNG FÜR EINEN ARCHITEKTURKLASSIKER

UWE SCHRÖDER, BONN

Der Architekt Uwe Schröder ist einer der wenigen der Zunft, dessen Bauten sich durch hohe Intellektualität ebenso auszeichnen wie durch ihre Ausstrahlung als gebaute Monumente. Alle Bauten, die ich schon von Uwe Schröder publizieren durfte – sowie in der Gesamtschau seiner Arbeit –, bieten für mich stets die Assoziation einer bewusst inszenierten Monumentalität im Sinne bildhafter Eindeutigkeit. Niemals würde bei seinen Bauten das Motiv der Eitelkeit die Feder führen, vielmehr ist es der Gedanke einer fast wehrhaften Architektur, die unter die Rubrik gebaute Kunst fällt, so fein sind stets Formen, Körper, Maße und Material austariert – sie erscheinen in ihrer Perfektion endgültig und erhaben.

Das hier vorgestellte Gebäude ist vor 20 Jahren errichtet worden – schon damals unter baukünstlerischem Anspruch – und hat jetzt eine interessante Überarbeitung erfahren, die der Architekt so beschreibt:

„Im Zuge des Neubaus wurde 1994 vom Künstler Manuel Franke in der Halle des Hauses die Arbeit ‚Schäfer 650' realisiert. Die Arbeit besteht aus zwei Mauerteilen welche mit Ihrem Putzüberzug die vom Architekten angelegte Raumgeometrie ändern.

Durch die Arbeit entsteht eine Umwidmung der Halle als gedeckte Verlängerung des Außenraumes, da der verwendete Putz der künstlerischen Arbeit dem vom Architekten ausgewählten gefilzten Außenputz ‚Schäfer 650' entspricht.

Die Halle war der Ausgangspunkt für das Farbkonzept der genau 20 Jahre später realisierten Umgestaltung des Hauses. Der Raum sollte wegen seiner ‚äußeren Widmung' – in Analogie zum Himmel – und in Unterscheidung zum neutralen Grau der äußern Fassaden die Farbe Blau zugeschrieben bekommen.

Ansicht aus dem Garten: das Haus folgt der Topografie und öffnet sich hufeisenförmig zum absteigenden Gelände, während die Orientierung der Räume dem inneren Hof folgt.

oben Das Haus von der Straßenseite: Hinter dem vom Heckenkörper gefassten äußeren Vorraum setzt sich die Raumfolge der Eingangssituation zur Halle und dem inneren und äußeren Hof fort.

rechte Seite Hangseitig öffnet sich der Baukörper. Die Zimmer der Ebene „0" sind um den inneren Hof angelegt. In der Ebene „1" sind die auf den zum Garten orientierten äußeren Hof ausgerichtet.

unten Blick aus dem inneren Hof in den Garten: Die flankierenden Wände zentrieren den Blick.

Um den mittigen Hof entwickelt sich der Grundriss des Hauses hufeisenförmig. An den Polen wurden als Gegensatz zum Blau der Halle weitere Hauptfarben den Nutzungen der Räume entsprechend angeordnet: Rot für das Kaminzimmer – Gelb für das Arbeitszimmer. Die dazwischen liegende Küche und ihre Nebenräume und die auf der andern Seite des Hauses liegenden Räumlichkeiten des Wohnzimmers sind aus den farblichen Mischungen der Hauptfarben konzipiert. Also Grün für die Küche. Purpur für das Wohnzimmer.

Die freibleibende Mischfarbe Orange findet sich in der satten Farbe der geölten Eiche des Fußbodens. Die ehemals weißen Türen und Fußleisten mussten der Konzeption folgend entsprechend entfernt und durch geölte Eiche ersetzt werden.

So wie die Hölzer auch nicht in reinem Orange vorkommen, sind auch die gestrichenen Hauptfarben und ihre Mischungen aus harmonierenden gedeckten Abstufungen sorgfältig zusammengestellt und aufeinander abgestimmt. Zur Verwendung kamen nur mineralische KEIM-Farben, welche auch immer an einer harmonischen Nachbarschaft zum Holz geprüft wurden.

Um das Sonnenlicht stärker in die Räume ‚wandern' zu lassen sind die inneren Laibungen der Fenster mit Akzentfarben behandelt worden, welche der rotierenden Logik des Farbkreises folgend aus den benachbarten Farbkontrasten entwickelt sind:

Die nachtblaue Halle bekam so ein helles Cadmiumgelb zugeordnet. Das tonige Gelb des Arbeitszimmers ein feuriges Rot. Und schließlich das satte Rot des Kaminzimmers ein leuchtendes Blau. Die Räume mit den Mischfarben erhielten in der Unterscheidung zu den Vorgenannten – aber auch in der Verwandtschaft zum hölzernen Orange – nur hellere Abstufungen in der eigenen Farbe.

Im unteren Geschoss spiegelt sich das Farbkonzept den räumlichen Nutzungen folgend um die mittlere Hausachse: auf der Ebene des Erdgeschossbodens ist somit der Wechsel von Grün zu Purpur vorgenommen worden. Unter dem roten Kaminzimmer liegt ein heller Freizeitraum in Gelb. Unter dem Gelb des Arbeitszimmers findet sich nun das gemütliche Rot des Kinderzimmers. Unter den grünen Räumen des Obergeschosses finden sich diverse purpurne Nebenräume. Unter dem Purpur des Wohnzimmers nun grüne Nebenräume.

Die leuchtend weißen Lichtschalter und Steckdosen wurden gegen neutrales Metall ausgetauscht, diverse Möbel und Einbauten in dem nun stärker vertretenen Eichenholz ergänzt."

Wer sich viel mit Architektur beschäftigt, muss sich seit zwei Generationen Architektendaseins fragen, woher eigentlich die ausgeprägte Phobie gegenüber der Verwendung von Farbe in der Architektur kommt. Schließlich gibt es nicht erst seit den faszinierend polychromen Bauten Pompejis hochelegante Farbkonzepte, denen wohl jeder von uns zumindest in den Schulbüchern begegnet ist. Das gilt auch für die Tempelarchitektur der Griechen, die Bauten der Renaissance und des Barocks bis zu Schinkel und in die Gründerzeit – Farbe war immer ein starker Wirkungsfaktor in der Architektur, der aber mit dem Aufkommen des International Style viel an gestalterischer Kraft verloren hat – eine vertane Chance für die Architektur, wie ich meine. Es verwundert daher nicht, dass Uwe Schröder, der stets für Innovation im Rahmen der klassischen Baukunst steht, jetzt das Medium Farbe für eine inhaltliche Umformung seiner Architektur von vor 20 Jahren kunstvoll einsetzt.

oben Blick durch die Halle der Ebene „0": Die farbige Umgestaltung der Räume hat ihren Ursprung im Zusammenhang mit der künstlerischen Arbeit „Schäfer 650" und der Setzung der Farbe Blau in Analogie zum Himmel.

linke Seite Die Transformation der inneren Räume vom Weiß zur Farbigkeit: die Bilder zeigen die Blicke durch die Halle, das Wohnzimmer, die Küche und aus dem Kaminzimmer in Richtung Wohnraum.

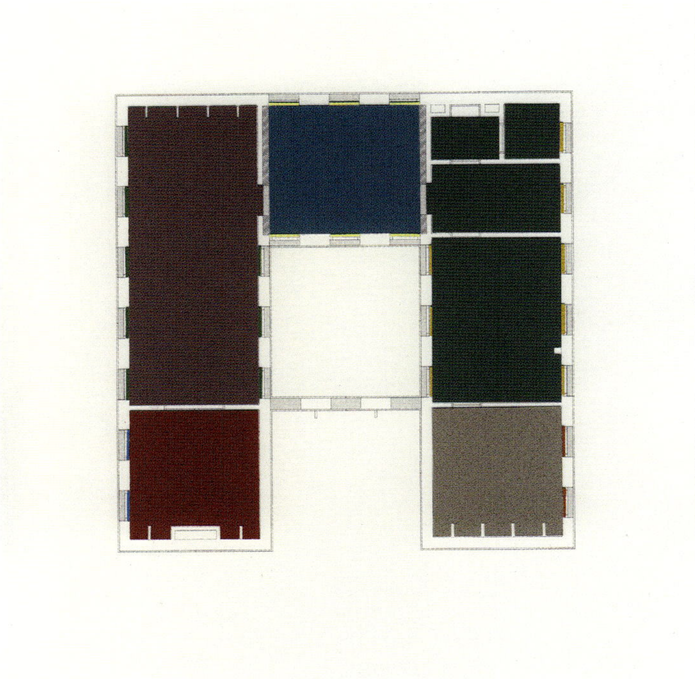

oben Tafel Farbkonzept, 297 x 210 mm, Ausschnitt, KEIM-Farbmuster auf Karton, hier: Deckenuntersicht Ebene „0“, Kartierung der Raum- und Akzentfarben.

unten Tafel Farbkonzept, 297 x 210 mm, Ausschnitt, KEIM-Farbmuster auf Karton, hier: Wandabwicklung Halle, Ebene „0“, Kartierung der Raum- und Akzentfarben, Eintragung „Schäfer 650“.

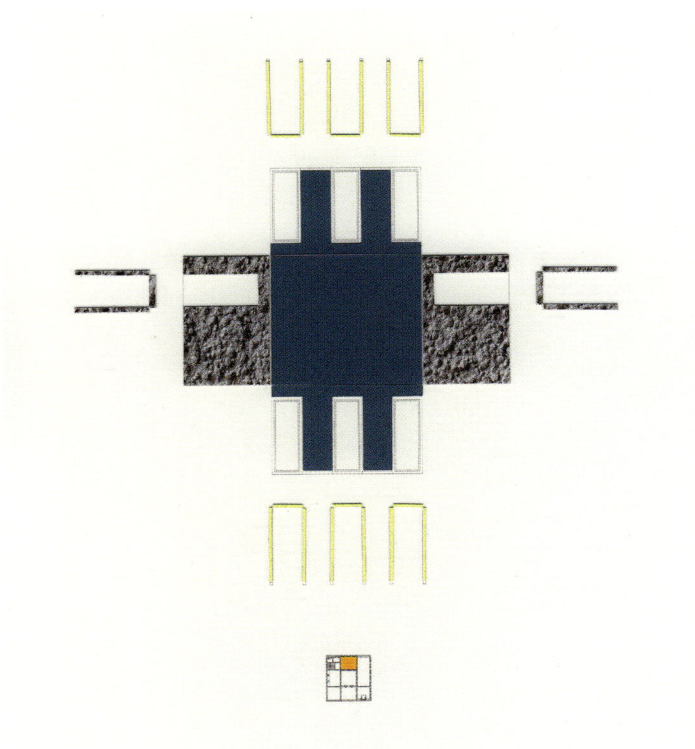

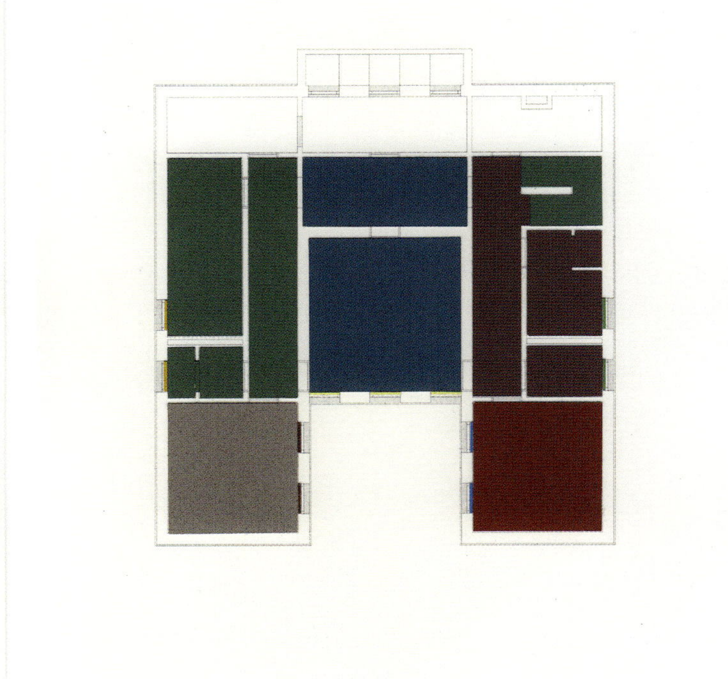

oben Tafel Farbkonzept, 297 x 210 mm, Ausschnitt, KEIM-Farbmuster auf Karton, hier: Deckenuntersicht Ebene „–1“, Kartierung der Raum- und Akzentfarben.

unten Tafel Farbkonzept, 297 x 210 mm, Ausschnitt, KEIM-Farbmuster auf Karton, hier: Wandabwicklung Schlafraum Ebene „–1“, Kartierung der Raum- und Akzentfarben.

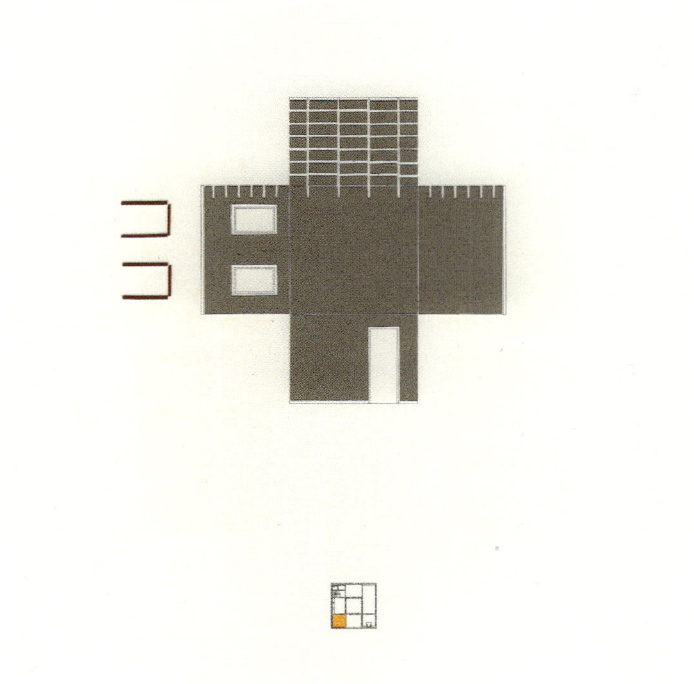

oben Tafel Farbkonzept, 297 x 210 mm, Ausschnitt, KEIM-Farbmuster auf Karton, hier: Wandabwicklung Arbeitszimmer Ebene „0", Kartierung der Raum- und Akzentfarben.

unten Tafel Farbkonzept, 297 x 210 mm, Ausschnitt, KEIM-Farbmuster auf Karton; hier: Wandabwicklung Garderobe Ebene „0", Kartierung der Raumfarben.

oben Tafel Farbkonzept, 297 x 210 mm, Ausschnitt, KEIM-Farbmuster auf Karton, hier: Wandabwicklung Kaminzimmer Ebene „0", Kartierung der Raum- und Akzentfarben.

unten Tafel Farbkonzept, 297 x 210 mm, Ausschnitt, KEIM-Farbmuster auf Karton, hier: Wandabwicklung Treppenhaus Ebene „0", Kartierung der Raum- und Akzentfarben.

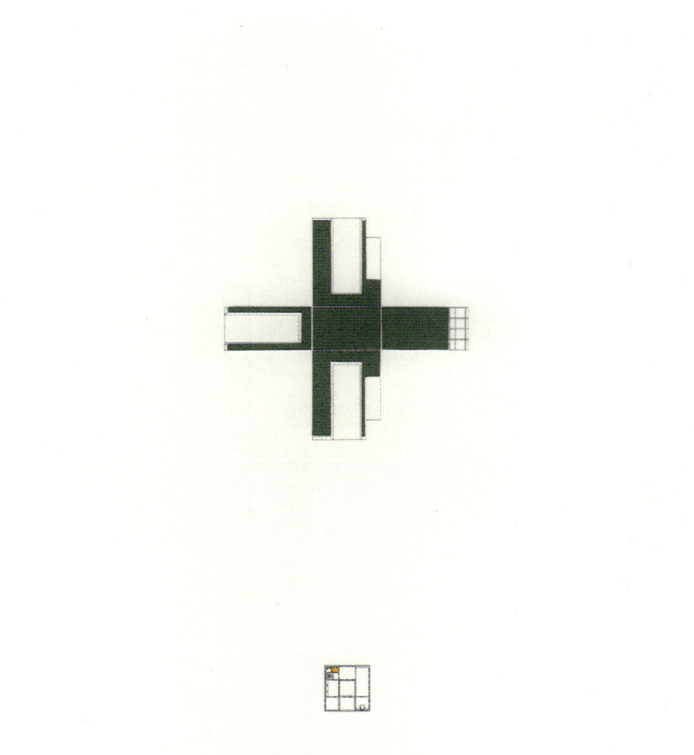

Projektdaten

Grundstück: 607 m²
Grundfläche: 164,5 m²
Nutzfläche: 190 m²
Rauminhalt: 1085 m³
Haus Clemet (1992–1994) – Polychromie 2013/14, Bonn

Professor Uwe Schröder
Kaiserstraße 25
53113 Bonn
www.usarch.de

mit Matthias Storch

Fotos: Dieter Leistner, Würzburg (1994), Achim Kukulies, Düsseldorf (2014)

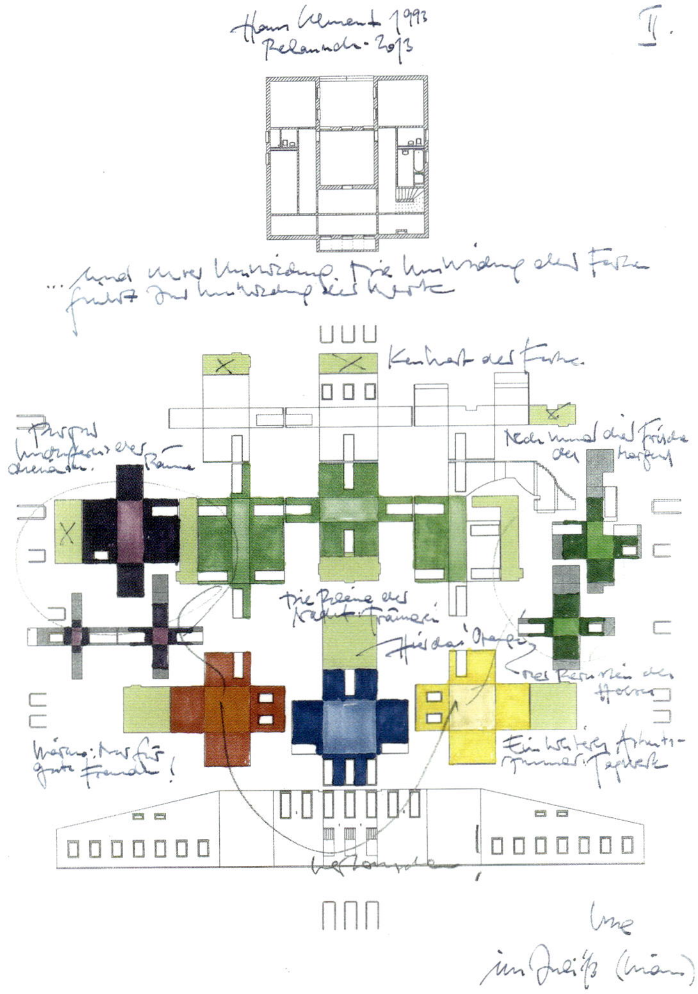

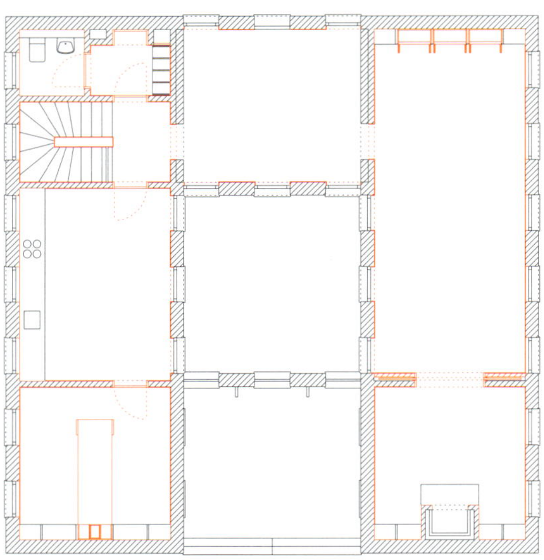

Ebene „0"

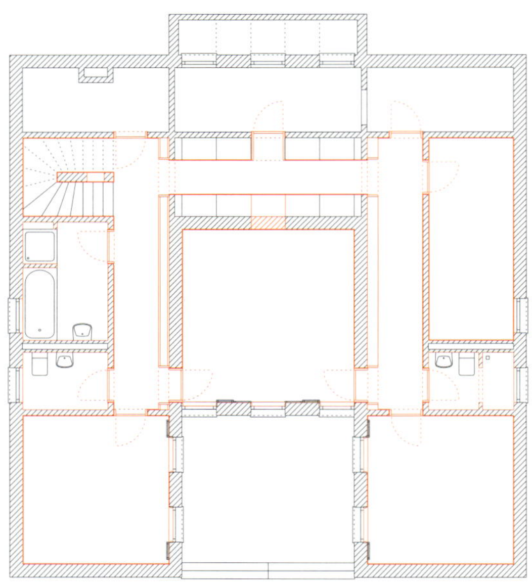

Ebene „–1"

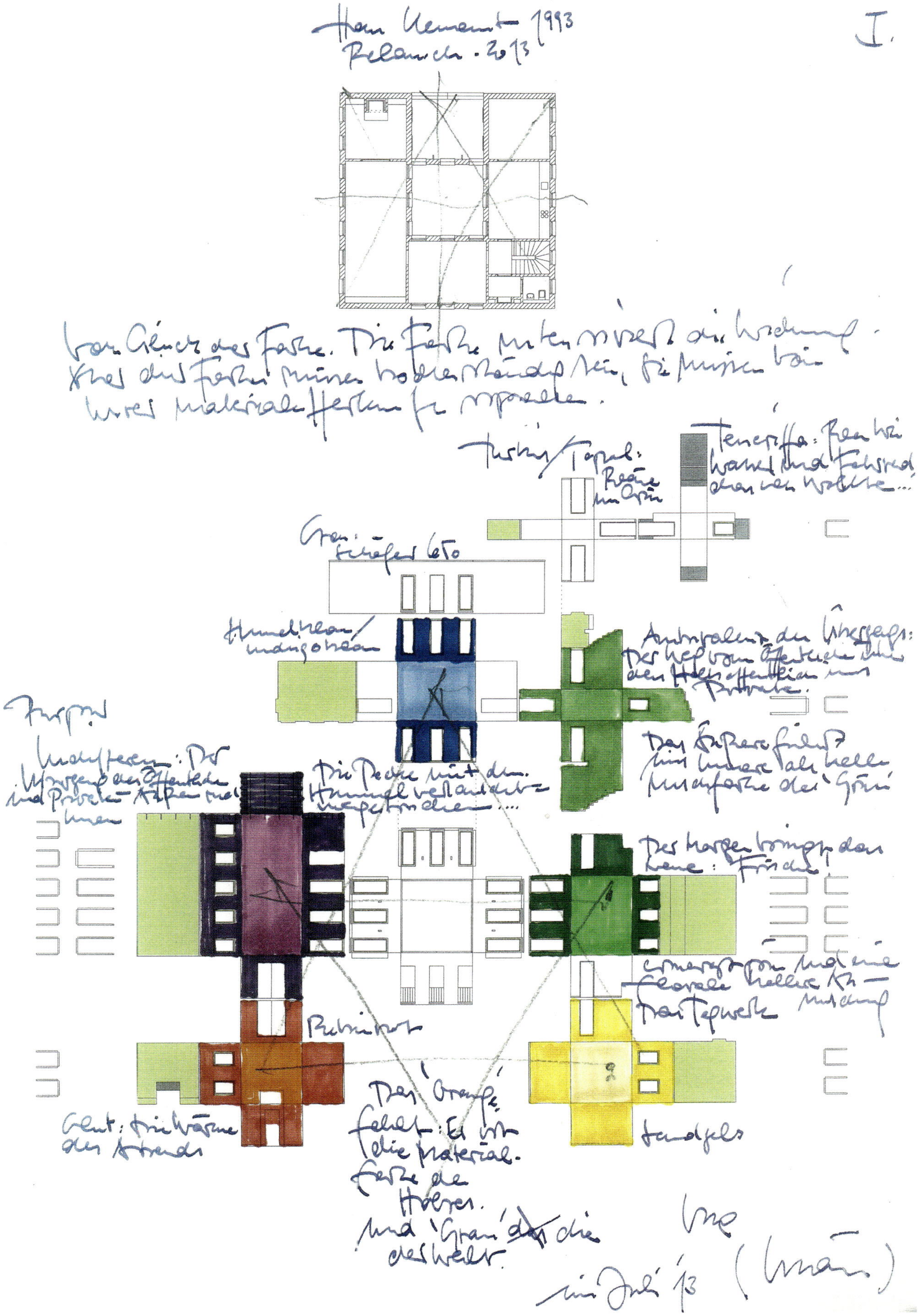
Haus Klement 1993
Relaunch · 2013
I.
Purpur
Rubinrot
Sandgelb

EIN KLANGKÖRPER FÜR DIE SINNE

WESPI DE MEURON ROMEO, CAVIANO

Dass die Schweiz mit ihren vielen Seen, den Steilhängen der Ufer und einem einzigartigen Bergpanorama über ein besonderes Potenzial an Grundstücken verfügt, ist das eine, aber es gibt eben auch die unselige Zersiedelung dieser paradiesischen Landschaft mit mittelmäßiger Architektur, die auch dort nicht aufzuhalten ist. Dagegen sind auch die Genehmigungsbehörden in der Schweiz nicht gefeit, solange sich die Bauherrschaft und Architekt an die Vorschriften halten; Baukunst kann ja – leider – niemandem verordnet werden. Auf diese Weise entsteht oft gegenüber fast jedem Neubauvorhaben zuerst einmal Misstrauen, ja, soll irgendwo neue Architektur entstehen, wird dies meist als tätlicher Eingriff in die Natur missverstanden. Nach den vielen Fehlentwicklungen im Architekturgeschehen ist dieses Misstrauen sogar verständlich. Und doch gibt es Architekten, die nicht nur ein gekonnt symbiotisches Verhältnis zwischen Natur und Architektur zu schaffen in der Lage sind, nein, es gibt auch noch die Steigerung, wie es die Architekten Wespi, de Meuron, Romeo seit vielen Jahren schaffen: dass die Architektur die Natur überhöht, sie adelt und immer wieder raffinierte baukünstlerische Maßstäbe setzt, die belegen, dass Architektur und Natur keine Gegenpole darstellen, sondern sich auch in besonderer Weise bedingen – so wie es dieses Bauwerk wieder zeigt. Dazu die Projektbeschreibung der Architekten:

„Aus der natürlichen Topografie des Hangs erhebt sich ein einfach geschnittener Monolith in gewaschenem Beton, welcher direkt an die Straße angedockt ist. Nur ein schmaler Streifen Pflasterung differenziert zwischen öffentlicher

Natürlich ist ein solches Grundstück die perfekte Basis für einen adäquaten Entwurf– aber das muss man erst einmal schaffen. Die Architekten sind zu Recht dafür bekannt, dass ein Grundstück geradezu zu ihnen spricht, als wolle es jeweils die perfekte Lösung für den perfekten Ort. Bisher ist ihnen das immer gelungen – stets spürt der Betrachter die gekonnte Hand der Architekten.

und privater Grundstücksfläche. Zwei Autos können hier gleichsam direkt auf dem Dach geparkt werden.

Über eine geradlinig angelegte Eingangsgasse wird der Besucher zum Eingangstor hinuntergeführt. Hinter dem hölzernen Tor öffnet sich der Eingangshof.

Über diesen Hof betritt man das Haus im obersten Geschoss und wird in der Wohnküche mit langem Esstisch und offener Feuerstelle empfangen. Schon beim Eintreten öffnet sich der Raum zur Landschaft, dem Lago Maggiore und den Bergen.

Hauseingangstüre und die Glasfront zum Hof lassen sich komplett in die Wand versenken, sodass im Sommer Hof und Innenraum ein Raumkontinuum bilden. Lift und Treppe führen zu den unteren Geschossen.

Das Geschoss unter der Eingangsebene beherbergt den zweiten, etwas größeren Bereich mit Wohnraum, Feuerstelle, Bibliothek und TV, sowie gedecktem Außenplatz und einem doppelgeschossigen Innenhof mit Natursteinpflasterung, zwei Olivenbäumen und einem plätschernden Brunnen. Mittels ebenfalls komplett in die Wand versenkbaren Glasfronten zum Hof und großzügiger Seitenöffnung wird das Geschoss als ein einziges räumliches Ganzes erlebt, Außen und Innen, Landschaft und Architektur verbinden sich zu einem Ganzen, der Innenraum nimmt am Hof teil, wie der Hof durch reizvolle Durchblicke an der Landschaft teilnimmt. Der Hof lässt sich durch zwei Holzgattertore schließen, was ihm eine besondere Geborgenheit verleiht.

Dieser Hof bildet das Herz des Hauses, verschiedene Wege kommen hier zusammen, gleichsam wie sich Wege am Dorfplatz treffen. Beidseitig des Hofs führen Wege und Treppen hinunter zur großen Gartenterrasse mit Schwimmbad und Außenküche.

unten rechts Der Innenhof bietet an der steilen Westfassade den notwendigen Gartenersatz.

unten Die stark gegliederte Westfassade mit Einblick in den hangseitigen Hof.

rechte Seite Wie ein Monolith scheint der Kubus aus einem Fels geschlagen zu sein. Obwohl gebaute Architektur, sind die Bauwerke der Architekten niemals Fremdkörper in der sie umgebenden Natur. Das Rezept: perfekt durchgearbeitete Eleganz auf allen planerischen Ebenen – natürlich auch bis ins Detail.

Die beiden weiteren Untergeschosse beherbergen drei Schlafräume und Bäder sowie Fitnessraum und Sauna, und sind über eigene Ausgänge ebenfalls an Hof, Garten und Schwimmbad angebunden.

Aufgrund seiner räumlichen Vielfalt, spannungsreicher Beziehungen zwischen Innen- und Außenräumen, vielfältigen Wegwahlfreiheiten wird das Haus gleichsam als kleines Dorf im ehemaligen Rebberg über dem Lago Maggiore erlebt."

Wenn ich bei diesem Haus von einer besonderen Eleganz spreche, dann ist diese durch den sinnlichen Gleichklang von Material und Funktion, Material und Haptik, Material, Ort und den Sinneseindrücken bestimmt. Das ist die Erlebnisebene am und im Haus, wo jedes eingesetzte Material seine Wirkung in besonderer Weise im Privaten entfalten kann. Aber ein Bauwerk trägt auch immer eine besondere Verantwortung der Landschaft, dem Grundstück und den Betrachtern gegenüber. Den Architekten dieses Hauses ist es auch hier wieder meisterlich gelungen, diesen relativ kleinen Bauplatz zu einem Ort der baukünstlerischen Kontemplation zu machen und ihn im ästhetischen Wert zu überhöhen – hier ist nicht ein Haus, sondern wieder ein bemerkenswertes Kunstwerk entstanden – als Beitrag und Verpflichtung, dass in dieser paradiesischen Naturlandschaft nur das Beste entstehen darf, zu dem Architekten fähig sind. Dieses Bauwerk, seine Auftraggeber und die Architekten setzen dafür an diesem ehemaligen Weinberg wieder einmal den verbindlichen Qualitätsmaßstab.

unten und unten rechts die beiden Innenhöfe auf dem 3. Geschoss rahmen die Loggia ein. Wichtig für das haptische ebenso wie das optische Erleben der Höfe sind die unterschiedlichen Materialien am Boden – schroffes Pflaster und ein gut begehbarer Holzboden.

rechte Seite oben Das Speisezimmer im 3. Geschoss mit Ausblick auf den angrenzenden Innenhof.

rechte Seite unten beide Impressionen, wie sich der Baukörper in die Landschaft fügt. Auch bei dieser Art der Präsentation spürt man die unbedingte Kennerschaft der künstlerischen Präsentation – jedes Blatt ist eine faszinierende Grafik für sich.

Ansicht Süd und Schnitt

Ansicht Ost

oben Der großzügige Wohnraum auf der 3. Geschossebene – natürlich mit einer fassadenhohen Glasfront, um einen möglichst großen Ausschnitt auf den See einzufassen.

rechte Seite oben Der Gegenblick mit dem eingelassenen Kaminblock, dahinter die kleine Arbeitsbibliothek.

rechte Seite unten links Der weite Blick aus dem Wohnraum in den hangseitigen Innenhof. Wie ein Kunstwerk wirkt hier der Baum im Hof als Blickfang, aber auch als Kontrapunkt zur optischen Welt des gewaschenen Betons.

rechte Seite unten rechts Eines der kargen Gästezimmer – es braucht hier nicht viel, sind doch die Eindrücke in den Räumen mit Ausblick Geschenk genug für den Betrachter.

rechts Natürlich verfügt auch die Küche auf der 3. Ebene des Hauses über einen fantastischen Ausblick. Wichtig ist auf jeder Grundrissebene die Begegnung mit der Natur: Grandios die Außenwelt, intim und meditativ die Innenhöfe – ein fantastisches Konzept.

Projektdaten

Grundstücksfläche: 631 m²
Wohnfläche netto: 190 m²
Nebenräume netto: 60 m²
Gedeckte Terrassen: 20 m²
Außenhöfe: 45 m²
Terrasse/Lounge: 50 m²
Schwimmbad: 22 m²
Fertigstellung: Herbst 2013

Wespi de Meuron Romeo
Architekten BSA AG
Via G. Branca Masa 9
CH-6578 Caviano
www.wdmra.ch

Fotos: Hannes Hentz, Zürich

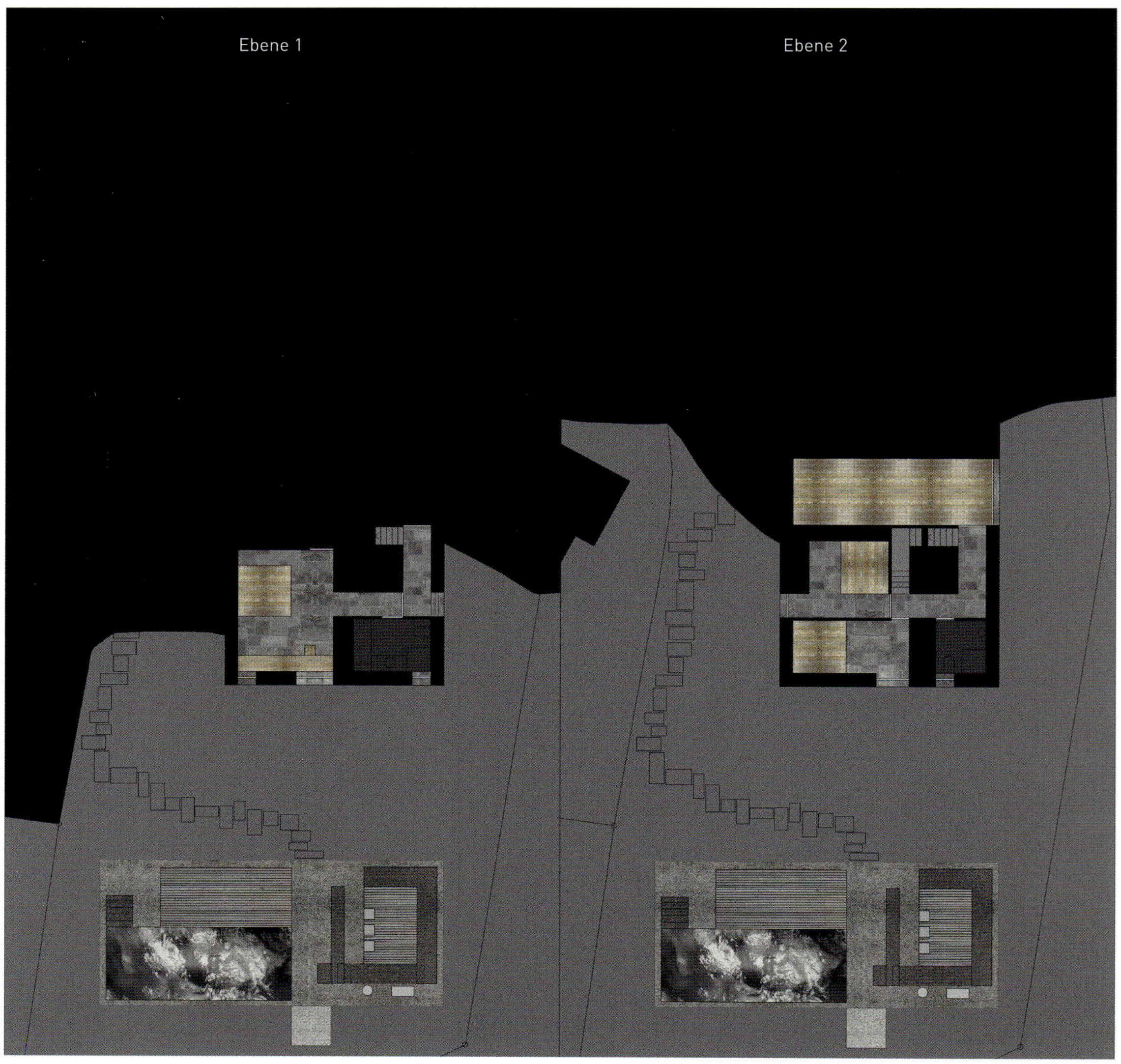

rechts Ein schmaler Streifen neben der Straße am oberen Hang bildet die Zufahrt zu den beiden Stellplätzen. Links davon führt die Treppe hinab auf die Wohnebene.

linke Seite Der Einblick in die 2. Ebene mit Zugang zum Hanggarten. Wichtig für den Eindruck der Fassaden sind die kunstvoll gesetzten Fensteröffnungen unterschiedlicher Größe, sodass tatsächlich jede der drei Gebäudeseiten ein ganz eigenes schlüssiges Gesicht zeigt. Hier wird die Fassadengestaltung zur Kunst – im Innern, ebenso wie für den Blick des Betrachters von außen.

VOLLENDETE ELEGANZ IN SICHTBETON

WILD BÄR HEULE, ZÜRICH

Es überrascht immer wieder, wie virtuos Schweizer Architekten mit dem Beton umgehen können. Beton hat ja nicht nur statisch-funktional ein breites Spektrum zu bieten, sondern auch eine große Variantenbreite, was die optische und vor allem auch die haptische Wahrnehmung angeht, die von spürbar hart bis zu einem samtigen Weich eingesetzt werden kann. Ein wichtiger Aspekt ist – und das zeigt dieses Projekt in Vollendung –, dass sich der Beton, ähnlich wie die Tonmasse unter den Händen eines Künstlers, so ausformen lässt, dass ein Gebäude tatsächlich zur Skulptur wird: weil auf jedwede störende Blechabdeckungen verzichtet werden kann und so die inszenierte Form keine Störung durch additive Maßnahmen erfährt.

Erläuterungsbericht der Architekten
„Topografie kreativ genutzt: ein auf dem Bauplatz vorgefundener Höhenunterschied von einem halben Geschoss wird zum durchgängigen Entwurfsthema des Hauses. Zueinander versetzte Ebenen ersetzen die sonst üblichen übereinander gestapelten Stockwerke. Daraus resultiert nicht nur ein Wohnraum mit anderthalbfacher Geschosshöhe, sondern auch ein Wegesystem mit kurzen, dezentralen Treppenläufen.

Das Konzept setzt sich in den Außenräumen fort, das aus einem System aufeinander abgestimmter Raumsequenzen mit Eingangshof, Balkonkanzel, Loggia und Garten mit Schwimmbad besteht.

Ein starker Rahmen aus anthrazit eingefärbtem Sichtbeton bindet die komplexe Raumfolge zu einem klaren, scharf geschnittenen Bauvolumen zusammen."

rechts Die Aufnahme zeigt das Entwurfsprinzip der Split-Level-Anlage: die zweigeschossig hohe Terrasse vor dem Speisezimmer, von dem aus eine Treppe zu dem höher gelegenen Wohnraum führt. Man beachte den perfekten Umgang mit dem Werkstoff Beton, der hier ohne jede Abdeckung eingesetzt wurde.

Es ist schon ein starkes Understatement, wenn die Architekten nur von einer komplexen Raumfolge sprechen, birgt doch sowohl der Grundriss als auch das Zusammenspiel der Materialien und die Ausführung aller Bauteile ein Höchstmaß an ästhetischer Perfektion. Minimalismus? Ja, hier stimmt dieser so oft fehlinterpretierte Begriff, der sich meist etwas hilflos auf die Formel der Reduktion beschränkt. Der hier inszenierte Minimalismus stellt dagegen eine ikonografische Raffinesse dar, die jeder ausgeformten Fläche und jedem Volumen einen vielschichtigen Bedeutungsrahmen verleiht, sodass Architektur, Außenraum und Gartenanlage ein sich geradezu bedingendes Gesamtkunstwerk ausmachen. Vollendete Eleganz auf höchstem Niveau – einfach großartig.

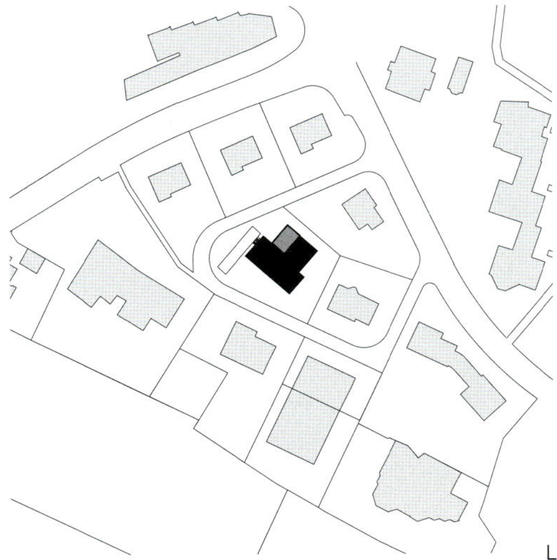

Lageplan

unten Der offene Patiobereich wird waagerecht und senkrecht mit schweren Betonriegeln eingefasst, die ein fantastisches Raumgefühl vermitteln. Links hinten darf der Außenkamin natürlich nicht fehlen.

rechte Seite Das großzügig angelegte Speisezimmer, ebenfalls mit Kamin. Die Treppe rechts führt hinauf in den Wohnbereich. Wird das große Schiebeelement geöffnet, können Innen- und Außenspeisezimmer zu einer großen Tafel kombiniert werden.

oben Das Speisezimmer mit der Treppe hinten ins Wohngeschoss, in der Mitte endet die Treppe aus dem Untergeschoss mit zwei Schlafzimmern und dem Garagentrakt.

links Die abtrennbare Küche, die über einen hinteren Aufgang zum großen Schlafraum führt.

oben Das eingelassene Sideboard im Speisezimmer, rechts noch einmal die Treppe, die direkt in den halb erhöhten Wohnraum führt.

rechts Der Hobby- und Gastraum, der sich mit einer Schiebetür komplett von den beiden oberen Geschossen abtrennen lässt – ein eigenes Apartment im Haus, das sowohl über die Treppen als auch über einen Fahrstuhl erreicht werden kann.

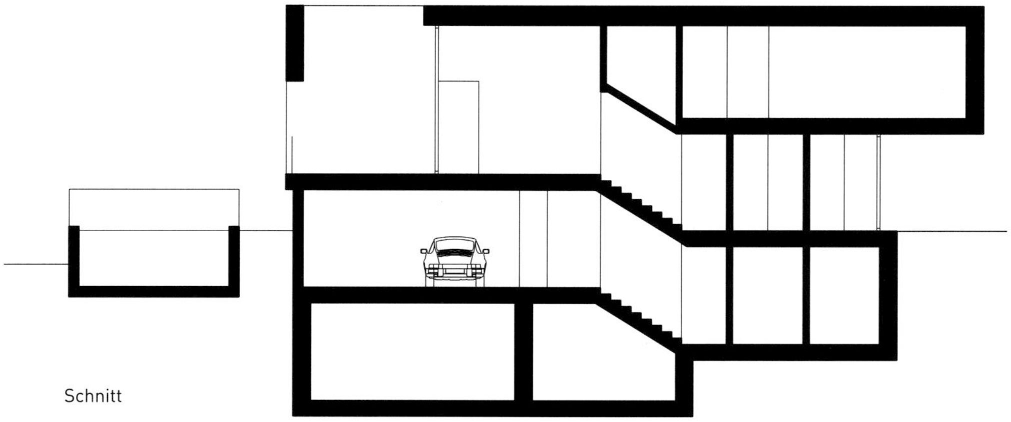

Schnitt

Projektdaten

Grundstückgröße: 923 m^2
Wohnfläche: 310 m^2
Nutzfläche: 460 m^2
Kubatur: 1980 m^3
Planungsbeginn: 2008
Baubeginn: 2010
Fertigstellung: 2011

wild bär heule
Architekten AG
Baurstrasse 14
CH-8008 Zürich
www.wildbaerheule.ch

Fotos: Roger Frei, Zürich

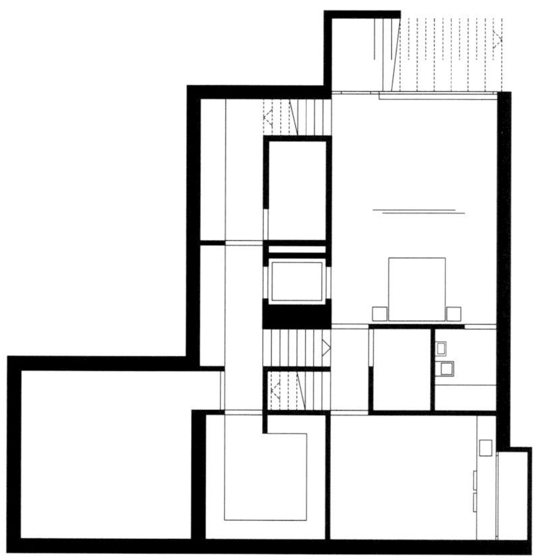

Untergeschoss

Die Eingangsebene mit dem breit angelegten Entree, rechts davon befindet sich die Garage und daneben die Treppe, die zum Außenpool führt. In der oberen Ecke sieht man die offene Loggia, deren massive Einfassungen einen faszinierenden Raum bilden.

Das gestalterische Motiv der massiven Einhausung zeigt sich besonders an der Südseite des Hauses als schützende Umklammerung auf der einen und als monolithisch anmutender Block auf der anderen Seite. Das Monolithische wird besonders dadurch betont, dass das Gebäude ohne jede Blechabdeckung am Dach auskommt – auch das ein Zeichen dieser insgesamt höchst eleganten Planung.

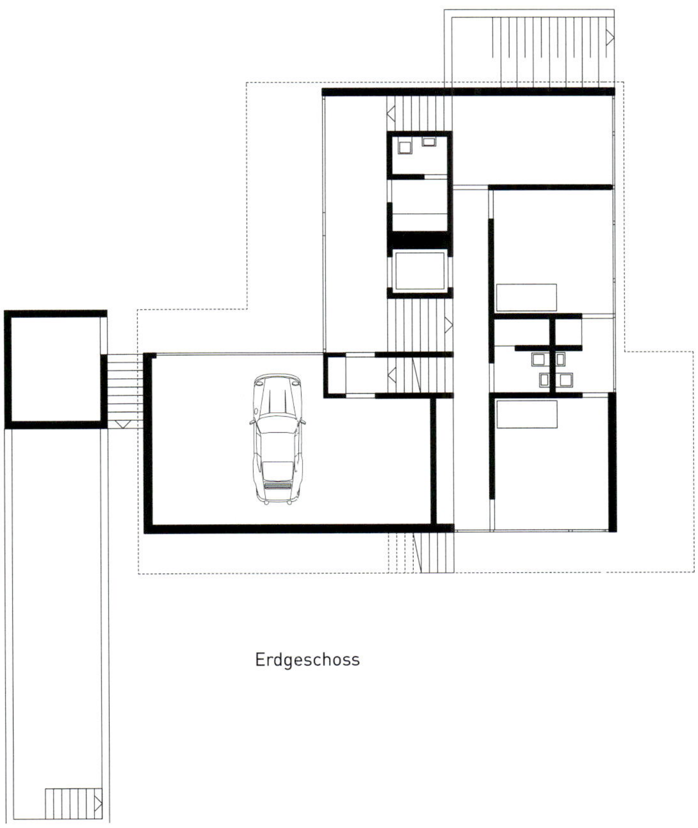

Erdgeschoss

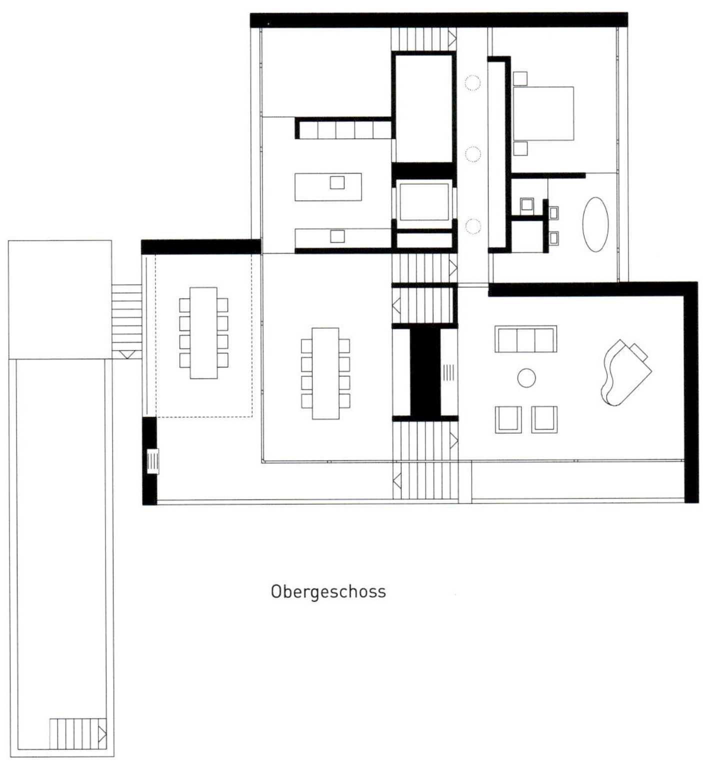

Obergeschoss

DAS KULTURELLE ERBE SUBLIMER BAUKÜNSTLERISCHER ELEGANZ

GUS WÜSTEMANN, ZÜRICH

Auch wenn nahezu jede Region Europas mit architektur- und kunstgeschichtlichen Besonderheiten und Unikaten aufwarten kann, so nimmt Andalusien doch noch einmal eine Sonderstellung ein: das Erbe der maurischen Architektur und ihrer fassettenreichen Baukunst, deren kunstvolle Hinterlassenschaft uns bis heute fasziniert, als perfekter Zusammenklang von Klima, Funktion und antwortender Form. Nicht allein die Schönheit dieser überkommenen Bauwerke betören geradezu unsere Sinne, sondern auch die Intellektualität einer technisch-raffinierten Bauausführung, die mit scheinbar leichter Hand eine Architektur geschaffen hat, deren wesentliche Funktions- und Formelemente im Zusammenklang mit den Geschenken der Natur – Gartenkunst und Wasserspielen – in überragender Eleganz alles nur Denkbare an Könnerschaft aufgebracht haben.

An diese sublime Hinterlassenschaft knüpfen die Architekten an und geben dem baukünstlerischen Wissen und ihren Reizen der Vergangenheit eine zeitlos-schöne Architekturform im Heute – und eine bespielbare Eleganz, die es mit den besten Zeugen der Vergangenheit aufnehmen kann.

„Das Grundstück liegt in einer suburbanen Bebauung privater Villen gleich neben einem Golfplatz in der Nähe von Marbella in Spanien. Das Programm erfüllt die Wünsche für ein Haus für eine Familie mit zwei Kindern und zwei Gästezimmern, insgesamt 480 Quadratmeter Innenwohnfläche. Aufgrund der Lage des Grundstücks in Andalusien, Südspanien, war der Wunsch, das ganze Jahr draußen zu leben, der Ursprung des Konzepts – ein großer Garten und darüber ein Haus. Die Abenddämmerung zu genießen mit spanischen

Manchmal kann man auf den Gedanken kommen, dass das Wesentliche in der Architektur schon gesagt ist. Aber das ist falsch, wie dieses ungewöhnliche Projekt zeigt. Hinter der interessanten Form im Obergeschoss liegen die Gästezimmer, die jeweils über einen kleinen eigenen Patio verfügen – einfach raffiniert!

Weinen und Tapas, mit Freunden zusammen sein, draußen und doch privat. Um die Privatsphäre zu gewährleisten, haben wir rund um den Garten eine periphere Mauer errichtet. Diese Mauer ist eine mit Inhalten gefüllte Umgebung, die mit dem Raum in der Mitte kommuniziert. So wird das ganze Grundstück zum Wohnraum. Über diesen Wohnraum setzen wir ein Hofhaus – ein Haus über einem Garten. Im Winter kann ein überdeckter Teil des Wohnraums mit Fenstern geschlossen und so beheizt werden.

Die Peripherie ist gefüllt mit verschiedensten Programmen wie: Ein ruhiger Wasserpool mit Morgensonne, ein Kräutergarten, Küche, BBQ Lounge, Pool Lounge, Schwimmbad, chill-out-pool-area, Urwald, Atelier/Bibliothek, Eingangslobby.

Abhängig von Tageszeit, sozialer Interaktion und Stimmung der Bewohner, kann man mit den Inhalten der Peripherie interagieren; von sich erholen, Sport treiben, zusammen kochen und so weiter.

Beim Schwimmbad gibt es eine Überecköffnung mit schöner Aussicht in die Berge und der Abendsonne, die in den Wohnraum scheint.

Die Schlafzimmer, Familienlounge und Yoga-Terrasse sind im 1. Stock. Ein Hof mit perforierten Steinen filtert das Licht in die Ankleide und Erschließungen der privaten Räume. Jedes Zimmer hat ein En-suite-Badezimmer und einen kleinen Hof.

Der Master Bed Room, das Badezimmer und der dazwischen liegende Hof können sich in einen offenen Raum vereinen lassen, sodass man draußen schlafen und baden kann, ohne gesehen zu werden.

Es gibt keine Fenster zum öffentlichen Raum. Das Haus erscheint als geschlossene kubische Skulptur, in Anlehnung an die maurische Architektur der Hofhäuser in Andalusien. Nur die Pflanzen geben nach außen etwas vom Innenleben preis. Alles ist in weißem Putz gehalten, sodass unter andalusischem Himmel eine nie endende, weiße Wohnlandschaft entsteht, die nur darauf wartet, mit und von Menschen bespielt zu werden."

Auch dieses charaktervolle Gebäude – Kunstwerk und Haus zugleich – besticht durch die komplexe Könnerschaft der Architekten, die es immer wieder schaffen, das Funktionale und das Ästhetische in eine gebaute Welt des Staunens zu transponieren. Von diesem Architekturbüro können wir als Leser und Betrachter, vor allem aber die zukünftigen Auftraggeber, noch viel, sehr viel erwarten.

linke Seite Das Hauptschlafzimmer im 1. Obergeschoss, das auch über einen großzügigen Innenhof verfügt. Im Hintergrund das Bad.

oben Die Küche im Erdgeschoss bildet das Rückgrat des Wohn- und Essbereichs. Links schließt sich auch wieder ein Patio an.

unten und unten rechts Der Erschließungsflur zu den Gästezimmern, die trotz der geringen Größe über eine bestechende Raumqualität verfügen (rechts).

oben Die Gästeterrasse zwischen den Apartments und dem privaten Schlaftrakt.

oben rechts Der Patio im Erdgeschoss lässt sich über die ganze Breite dem Wohnraum zuschalten – ein fantastischer Raumeindruck.

rechte Seite oben Der Blick aus der Tiefe des Essbereichs in den rückwärtigen Patio. Ganz wesentlich zur Eleganz der Räume hier trägt das durchbrochene Mauerwerk im 1. Obergeschoss bei – ein traditionelles Element in allen heißen Regionen.

unten und rechte Seite unten Impressionen aus dem Innenhof mit dem Barbereich (links) und dem lässigen Sitzpodest unter der weit gespannten Betondecke.

Projektdaten
keine Angaben

Gus Wüstemann
Architect
Florastrasse 1
CH-8008 Zürich

Escullera de poble nou 163
E-09005 Barcelona
www.guswustemann.com

Fotos: Bruno Helbling, Zürich

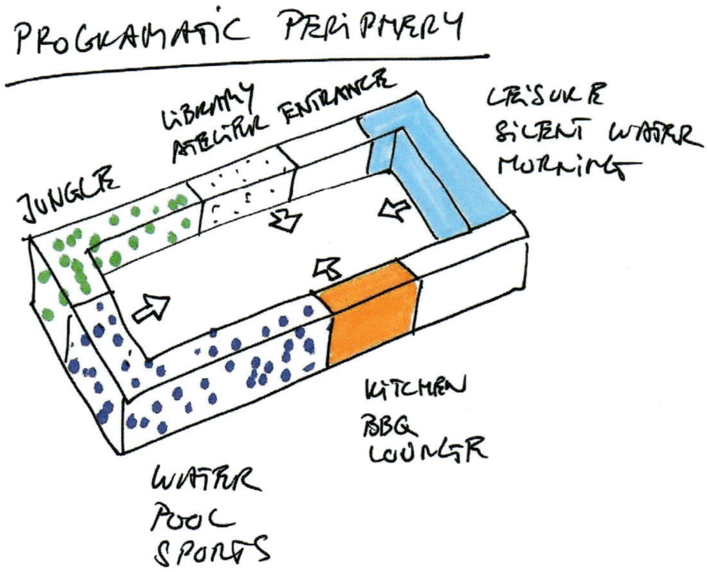

1 Diele	8 Veranda
2 Wohnen	9 Bar/Lounge
3 Kochen	10 Pool
4 Atelier	11 Garten
5 WC	12 Garage
6 Podium	13 Parkplatz
7 Patio	

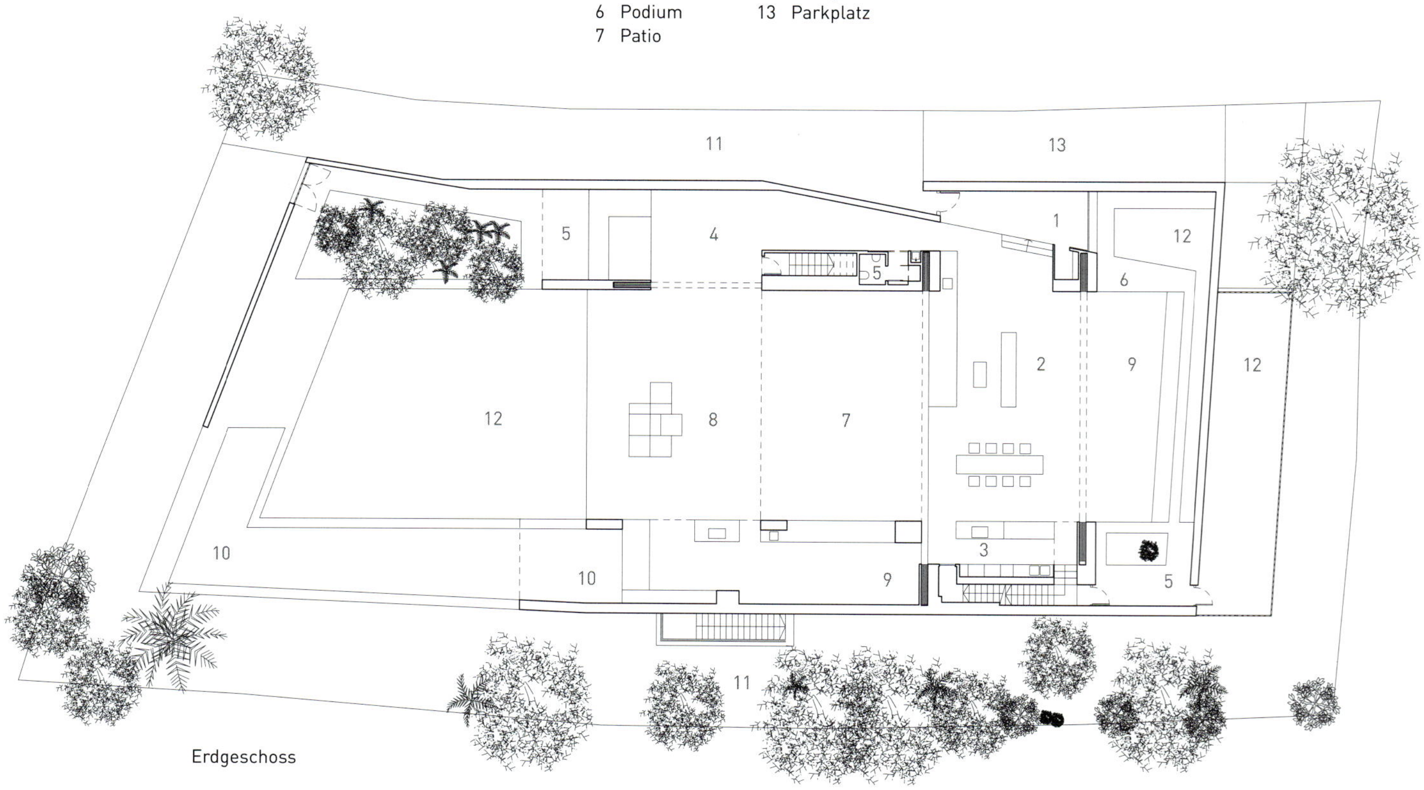

Erdgeschoss

oben Der Gartenbereich neben dem eingefassten Teil, hinter dem sich das Schwimmbad befindet.

oben Der Vorplatz zur Garage.

1 Schlafen
2 WC
3 Bad
4 Bibliothek
5 Gast
6 Terrasse
7 Terrasse Gäste
8 Patio

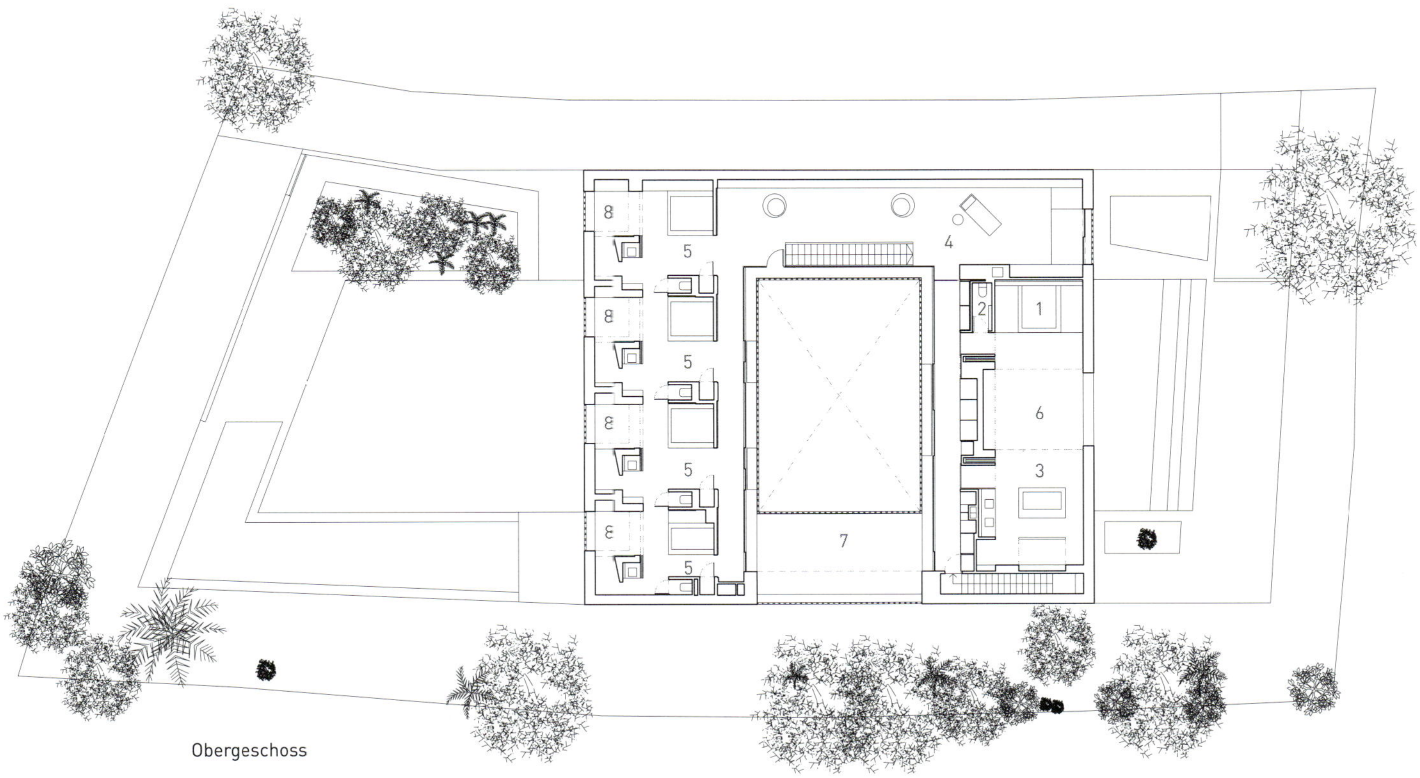

Obergeschoss

MIX
Papier aus verantwortungsvollen Quellen
FSC® C012536

Impressum
Verlagsgruppe Random House FSC® N001967
Das für dieses Buch verwendete FSC®-zertifizierte Papier „LuxoArt silk" liefert Sappi, Gratkorn.

1. Auflage

Satz und Layout: Monika Pitterle/DVA
Lithografie: Reproline mediateam, Unterföhring
Druck und Bindung: Druckerei Theiss, St. Stefan/Österreich
Printed in Austria

ISBN 978-3-421-03986-6

www.dva.de